人力资源管理实操手册

员工招聘

卜玥倩 ◎ 主编

中国纺织出版社有限公司

内 容 提 要

本书是一本系统介绍人力资源招聘管理知识的实用性指南，旨在帮助企业人力资源团队提高人才招聘的效率和成功率。本书将带企业管理者了解最佳的人才招聘实践，包括员工招聘概述、员工招聘计划、招聘渠道选择、人员甄选、招聘面试、人才录用与招聘结果评估。这些实用的经验和建议将有助于企业在吸引顶尖人才方面取得成功。本书内容通俗易懂、实操性强，适合人力资源管理实务入门者、企业管理者及各高校人力资源管理专业的学生学习、使用。

图书在版编目（CIP）数据

人力资源管理实操手册. 员工招聘 / 卜玥倩主编. --北京：中国纺织出版社有限公司，2024.1
ISBN 978-7-5229-1180-9

Ⅰ. ①人… Ⅱ. ①卜… Ⅲ. ①人力资源管理—招聘—手册 Ⅳ. ①F272.921-62

中国国家版本馆CIP数据核字（2023）第204016号

责任编辑：段子君 曹炳镝 李立静　　责任校对：高　涵
责任印制：储志伟

中国纺织出版社有限公司出版发行
地址：北京市朝阳区百子湾东里 A407 号楼　邮政编码：100124
销售电话：010—67004422　传真：010—87155801
http://www.c-textilep.com
中国纺织出版社天猫旗舰店
官方微博 http://weibo.com/2119887771
三河市延风印装有限公司印刷　各地新华书店经销
2024 年 1 月第 1 版第 1 次印刷
开本：710×1000　1/16　印张：13
字数：189 千字　定价：68.00 元

凡购本书，如有缺页、倒页、脱页，由本社图书营销中心调换

编委名单

主　编：卜玥倩
编　委：尹　航　田　影　赵新怿　侯燕妮

前言

在当今竞争激烈的商业环境中，招聘、提拔和留住高素质员工是企业取得成功的关键。这些人才不仅具备出色的技能和知识，还能带来创新和领导力，为企业的可持续发展作出重要贡献。

然而，如何吸引这些优秀员工并非易事。这需要人力资源的专业人士掌握一系列精准的招聘策略，使组织获得最佳的人才配备。同时，在这个过程中，企业也需要不断调整和改善方法，以应对外部环境和内部环境的变化。

本书是一本系统性介绍人力资源招聘管理知识的实用指南，旨在帮助企业的人力资源团队提高人才招聘的效率和成功率。本书将带领企业管理者了解最佳的人才招聘实践，包括员工招聘概述、员工招聘计划、招聘渠道选择、人员甄选、招聘面试、人才录用与招聘结果评估。相信这些实用的经验和建议将有助于企业在吸引顶尖人才方面取得成功。希望读者通过对本书的学习，能更好地了解和应对人才招聘中的挑战和机遇。

本书编写主要有以下特色：

（1）书中采用大量图表进行展示，方便读者在短时间内厘清知识脉络、掌握理论知识。

（2）书中设置【案例讲解】，以典型企业作为实例，提供实操典范。

（3）书中设置【温馨提示】，对一些不容易理解或者需要着重说明的地方给出具体解释。

（4）书中设置【答疑解惑】，侧重解答从业人员在实际工作中遇到的难题以及企业经常遇到的热点问题。

（5）书中附有人力资源常用表格文件等相关资料，为读者顺利工作保驾护航。

本书内容通俗易懂、实操性强，特别适合人力资源管理实务入门者、企业管理者及各高校人力资源管理专业学生学习、使用。

卜玥倩

2023 年 3 月

目录

第一章 从员工招聘说起

第一节 认识员工招聘 ………………………………………………… 2

第二节 员工招聘的影响因素 …………………………………………… 8

第三节 员工招聘的原理 ………………………………………………… 13

第四节 员工招聘的工作流程 …………………………………………… 20

第二章 如何制订招聘计划

第一节 人力资源规划 …………………………………………………… 26

第二节 招聘需求分析 …………………………………………………… 30

第三节 工作分析 ………………………………………………………… 35

第四节 制订招聘计划 …………………………………………………… 41

第三章 如何选择招聘渠道

第一节 内部招聘 ………………………………………………………… 50

第二节　外部招聘 …………………………………… 56

第三节　招聘渠道选择 ……………………………… 62

第四章　人员甄选很重要

第一节　认识人员甄选 ……………………………… 68

第二节　甄选指标体系设计 ………………………… 76

第三节　甄选方法的选择 …………………………… 81

第四节　招聘甄选中的信度和效度 ………………… 85

第五章　什么是初步甄选

第一节　简历和申请表甄选 ………………………… 96

第二节　背景调查 …………………………………… 103

第三节　笔试的设计与应用 ………………………… 111

第六章　招聘面试并不难

第一节　面试概述 …………………………………… 116

第二节　结构化面试的组织与实施 ………………… 125

第三节　常用人才测评方法 ………………………… 135

第七章　人才录用与招聘结果评估

　　第一节　录用决策 ································· 178

　　第二节　录用实施 ································· 184

　　第三节　招聘结果评估 ····························· 191

参考文献

第一章
从员工招聘说起

第一节 认识员工招聘

一、什么是员工招聘

员工招聘，就是指组织为了实现生存和发展的需要，根据人力资源规划和工作分析提出的人员需求数量与素质要求的结果，以最适合的成本投入寻找和吸引符合岗位胜任要求，并有意向任职的足够数量的合格人员和有潜质的人才，通过科学的甄选，最终录用的过程。

雷蒙德·A.诺伊在《人力资源管理：赢得竞争优势》中指出，招聘包括招募与选拔。招募是为现有的或预期的空缺职位吸引尽可能多的合格应聘者，这是一个搜寻人才的过程，为空缺职位找到最优秀的应聘者群体；选拔是不断地减少应聘者清单的人数，直到剩下那些最有可能达成期望产出或结果的人。

美国学者乔治·T.米尔科维奇与约翰·W.布德罗所著的《人力资源管理》一书对招聘所下的定义是：招聘是确认和吸引大量应聘者的过程，并从中挑选可接受雇佣要求的人。

西蒙·多伦等认为，招聘是指组织依据一定的制度与法规，通过一系列活动和过程，从大量高素质人员中选拔出最佳人选，以满足组织的需要；同时满足应聘者个人的需要，以增强他们留在组织中的可能性。

温馨提示

什么是招聘管理

招聘管理是人力资源管理的范畴，是企业根据组织人力资源规划和工作分析的数量与质量的要求，通过信息的发布和较为科学的甄别、选择，从而获得需要的合格人才，并安排他们到企业所需要的岗位上工作的一个过程。它是企业人力资源管理工作中的一个重要模块，也是企业人力资源部门的重要职能。

招聘管理不仅包括具体的招聘工作，还包括前期准备工作和后续管理工作，如招聘需求分析、岗位分析、招聘渠道选择以及后期的招聘工作评估等。总的来说，不能将招聘管理单纯地等同于招聘，否则，企业的招聘管理就无法发挥应有的效力。

二、员工招聘的目的

员工招聘的主要目的是引入符合岗位要求、能够胜任工作、有发展潜力的人才，确立组织的竞争优势，完成组织的战略目标，与此同时，可以帮助员工实现个人价值。

（1）从现实角度来看，招聘是为组织当前岗位的空缺寻找符合要求的人员，以满足组织正常运行的需要。这种空缺通常是由于人员离职、退休、内部人员流动缺失、业务扩张引发人员不足、新业务运营人员不够等因素造成的，如果不能及时弥补岗位人员的空缺，会阻碍组织正常运行，而招聘可以满足现实的发展需要。

（2）从长远角度来看，招聘是为满足组织未来发展的需要，发现潜在人才、建立和谐关系、构建人才梯队、确立人才开发计划，以提升组织的核心竞争力和实现组织的可持续发展。组织在不同的发展阶段有不同的人员需求，如果仅从现实的角度考虑问题，会因为缺乏准备而无法及时获得真正适合组织发展要求的人员，这就需要通过招聘储备具有潜质的人员，为组织未来发展打下基础。

（3）招聘还可以达到树立企业形象和展现企业文化等目的。人员招聘过程是组织代表与应聘者直接沟通的过程，这为树立企业形象和展示企业文化提供了良好契机，有利于吸引更多、更好的应聘者。同时，应聘者对组织的全面了解也有利于其认同组织文化和价值观，从而降低应聘者短期内流失的可能性。

三、员工招聘的原则

员工招聘的原则如图 1-1 所示。

图 1-1　员工招聘的原则

1. 公平原则

公开和择优是公平的基础。公开是将组织在招聘时空缺的职位种类、数量、应聘者资格与要求、应聘的方法与时间等信息对社会公告，扩大招募人员的范围，并为应聘者提供一个竞争的机会，体现信息公平；择优是通过规范和统一的招聘程序、选拔方式和决策流程，将应聘者的综合素质与职位的要求进行匹配，选择最适合的人员，体现流程公平。通过公平的竞争能获取组织真正需要的人才。

2. 双向原则

组织根据自身战略发展和现实运营的需要自主选择合适的人员，同样，应聘者会根据自身的能力和愿望，结合劳动力供给的状况，自主选择岗位。这种双向选择的原则，一方面提升了组织的形象，吸引更多应聘者，并不断提高效益；另一方面使应聘者获得满足自身需求的岗位。

3. 科学原则

人员招聘不是传统意义上的分配，而需要对应聘者进行选拔。实践证明，单纯依靠经验式的招聘，其效果会大打折扣，因此需要通过一些科学的操作程序、评价标准和测评方法，有效地甄别应聘者的实际水平和具有的发展潜力，从而保证招聘最终效果的实现。

4. 动态原则

组织的发展和岗位人员的状态都处于不断变化的动态过程中，人力资源在不断的流动中寻求适合自己的位置，组织则在流动中寻找适合自己要求和发展的人才。两者之间从静态设计到动态调节，达到相互适应的状态，因此，招聘是一种不断满足这种适应性的动态过程。

5. 经济原则

组织要重视招聘的效率和效益。招聘成本不仅包括招聘时所花的费用，还包括因招聘不慎而重新招聘所花的费用，甚至包括离职人员带给组织的损失。因此，组织在招聘过程中要注重招聘的经济性，争取以最低的费用获得最适合的人才，避免人才高消费。

6. 合法原则

组织招聘必须依据国家的相关政策法规，不能违背法律和社会公共利益的准则，坚持公平公正，严禁各类招聘歧视。

四、员工招聘与人力资源管理

员工招聘是人力资源管理中的重要环节，是获取人力资源的第一环节。它与人力资源管理中的其他各项业务活动有十分密切的关系，直接与人力资源规划、员工培训开发、绩效考核管理、薪酬设计实施、职业规划发展等相关联。招聘工作是后续人力资源管理工作开展的基础，影响其他业务的实施效果，同时，其他业务开展中的反馈信息又可以对招聘工作起到促进作用。

1. 与人力资源规划的关系

员工招聘和人力资源规划紧密相关。员工招聘是人力资源规划的结果，招聘职位的条件要求基于人力资源规划，任职资格成为甄选的标准；招聘结果反过来也为规划提供信息，当人力资源规划的人才要求过高或过低时，可能长期无法获得符合条件的应聘者或者应聘者过多导致录用效率低下，这就需要对规划和岗位要求作出调整。

2. 与员工培训开发的关系

员工招聘的质量直接影响培训费用的投入和培训效果的实现。当招聘质量符合要求时，可以在一定程度上降低组织在员工基本能力培训上的投入，增强培训效果；反过来，培训效果也会影响招聘的要求，如果培训效果不好，就需要挖掘员工的不足，调整招聘要求，改进招聘与甄选方式。

3. 与绩效考核管理的关系

员工招聘的质量直接影响绩效目标的完成。符合岗位要求的员工可以有效实现组织的岗位任务；反过来，绩效结果又可以改进招聘过程，通过对高绩效者的分析，明确岗位要求，完善招聘标准，提高招聘效果。

4. 与薪酬体系的关系

员工招聘的质量影响薪酬制度的公平性和合理性。薪酬设计建立在科学的岗位评价基础上，是对符合岗位要求员工的认可。如果招聘的员工不符合岗位要求而享受正常薪酬，不仅对组织是一种经济损失，还对其他员工不公平。同时，薪酬体系的对外竞争性也会吸引更多符合条件的应聘者，为提高招聘质量提供了可能。

5. 与职业规划发展的关系

员工招聘的质量也影响企业未来人才发展的前景。如果招聘的员工能有效胜任岗位，发挥自己的特长，取得良好的业绩，就可以为他们的晋升与发展提供很好的机会，同时也为未来的组织人才梯队建设提供了保障。

案例 1-1　针对求职人员利用虚假简历拿到录用通知书，面试过程怎么改进？

2018 年 8 月，孙某顺利通过某公司的面试和专业技术笔试，考试成绩符合部门要求。在与技术部门经理沟通工作经验时，孙某有些闪烁其词，但技术部门经理并未发现异常，且觉得孙某非常优秀。通过人力资源部的复试后，孙某成功拿到了该公司的录用通知书。后来由于人力资源部留意到孙某的简历与去年的一份简历中的个人信息完全一致，其工作经验却完全不同，经过背景调查，证实这两份简历属于同一个人，最后经过人力资源部和部门经理的商议，认为孙某的简历为虚假简历，取消了录用孙某的决定，并将相关调查信息反馈给孙某，孙某接受了公司的决定。

请结合本案例分析，该公司的面试过程存在哪些问题？应该如何改进？

【解析】面试管理，是指对简历筛选、关键信息验证、面试沟通、面试评估整个过程的管理。在面试初期，严格把控简历关，确保面试的有效性。

简历主要考察投递简历人员的学历（教育背景）、工作经验、行业相关性、过往公司规模、产品的相似性等。在面试沟通过程中，公司 HR 要对有疑问的信息进行再次确认，以确保面试人员信息的真实性、有效性。

从这个案例中我们可以看出，该公司在招聘流程上存在以下问题：

（1）核对简历不够仔细，没有对简历的关键个人信息进行核对。

（2）技术部门没能将技术面试的情况及时反馈给人力资源部。在沟通过程中，技术部门反映此应聘者的笔试答得不错，以至于在面试过程中忽视了其他重要问题。

（3）人力资源部未能通过简历筛选和面试沟通发现可疑之处。

针对以上问题，为避免求职人员利用虚假简历拿到录用通知书，人力资源部的改进如下：

（1）建立公司的简历库，在面试过程中，要对应聘者的经验和能力进行逐一核实，确保其简历中所列举的情况真实可靠。

（2）明确技术部门和人力资源部的分工，并进行技术沟通、反馈面试的评估信息。

（3）用人部门领导在面试的时候发现可疑之处，应及时向人力资源部提出，以便人力资源部有针对性地核查。

综上所述，企业在招聘过程中需要采取多种手段，提高面试流程的严谨性，从而防止虚假简历的存在，这样才能确保招聘的公正性和有效性，减少后期风险和成本。

【答疑解惑】

问1：招聘管理就是招聘吗？

【解答】招聘管理不仅包括招聘，还包括整个招聘过程中的各种管理活动和措施。很多企业将具体的招聘行为当作招聘管理，只重视招聘环节，而忽视了招聘管理的前期准备工作与后期的评估，导致招聘工作不能发挥应有的效用，也无法在招聘实践中不断改善企业的招聘策略，提高企业的

招聘效率。

从本质上来说，招聘管理是一个持续的、动态的过程，包括人才需求分析、招聘信息发布、招聘渠道选择、招聘结果评估等环节。而招聘是指具体行为。从深层面来说，招聘管理包括招聘，而招聘是招聘管理的重要环节之一。招聘只有在招聘管理的宏观把控之下，才能发挥应有的效用，为企业引入合适的人才填补空缺或满足业务发展需要。

问2：招聘管理是人力资源部门的工作，与其他部门无关吗？

【解答】实务中，很多企业认为招聘管理是人力资源部门的工作，什么时候需要招人，只要告诉人力资源部门，就可以招到合适的员工。还有的部门管理者认为配合人力资源部门的招聘管理工作完全是多余的，这不仅浪费了他们自己的时间和精力，还是对人力资源工作者的不尊重，因此，他们将招聘人才的工作全权交由人力资源部门负责。

其实，这种想法是错误的。招聘管理涉及整个企业的人力资源需求，因此，其不仅是人力资源部门的责任，同时还需要其他相关部门的合作和支持。在招聘管理过程中，用人部门与人力资源部门需要保持及时的沟通，必要时用人部门领导还需要直接参与对应聘者的筛选工作，这样，人力资源部门才能全面地了解需要招聘什么样的员工，才能使用人部门满意。因此，招聘管理虽然由人力资源部门主导，但它涉及整个企业的人力资源需求和利益，需要多个部门的共同合作和协调。

第二节　员工招聘的影响因素

企业是一个开放的系统，其行为方式会受到外界各种因素的制约，企业员工招聘也会受到多种因素的影响。企业具体招聘渠道和方式的选择，以及招聘策略和招聘习惯等往往是多种因素共同作用的结果。影响企业招聘的因素可归纳为外部因素、内部因素和个人因素三大类。

一、外部因素

1. 社会经济制度和宏观经济形势

企业作为社会的一个组成部分,其经营和运营方式必然受社会经济制度的影响。另外,宏观经济形势对企业招聘影响的主要表现方面如图 1-2 所示。

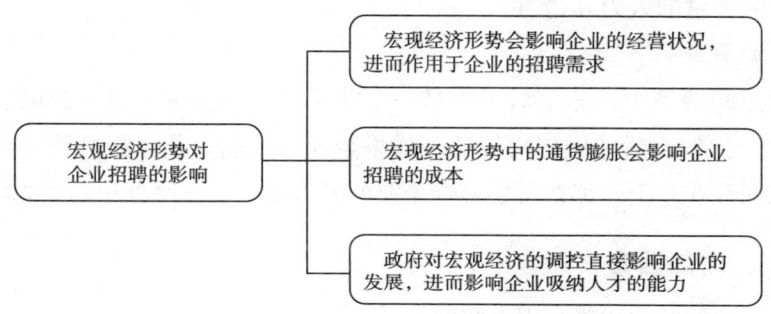

图 1-2　宏观经济形势对企业招聘的影响

2. 国家的政策法规

国家的法律法规对企业的招聘活动具有限制作用,它规定了企业招聘活动的外部边界。国家的政策法规从客观上界定了企业人力资源招聘的对象选择和限制条件,企业的员工招聘应该在国家政策法规限定的框架内进行,不能与之相违背。

目前,《中华人民共和国劳动法》(以下简称《劳动法》)和《中华人民共和国劳动合同法》(以下简称《劳动合同法》)是我国就业领域两部最重要的法律。此外,各地区和各行政部门可能会依据国家的法律法规,结合自身情况制定相应的地方性法规和行政规章制度,这些也是企业招聘必须遵循的。

3. 传统文化及风俗习惯

传统文化及风俗习惯对招聘的影响是潜在的、惯性的、顽固的,甚至是缺失理性的。例如,日本的终身雇佣制度至今影响着日本企业的招聘模式以及员工的就业前景。中国几千年积淀而成的传统文化也形成了对某些职位的固定看法,这些看法直接影响了企业招聘和求职者。

4. 外部劳动力市场

外部招聘主要是在劳动力市场进行的,因此市场的供求状况会影响招聘效果。当劳动力市场供给小于需求时，企业吸引人员就会比较困难；相反，当劳动力市场供给大于需求时，企业吸引人员就会比较容易。在分析外部劳动力市场的影响时，一般要针对具体的职位层次或职位类别来进行。例如，现在技术工人的市场比较紧张，企业招聘这类人员就比较困难，往往要投入大量的人力和物力。

5. 竞争对手

在招聘活动中，竞争对手也是一个非常重要的影响因素。应聘者往往是在进行比较之后才做出决策的，如果企业的招聘人员、招聘政策和竞争对手之间存在差距，那么就会影响企业的吸引力，从而降低招聘效果。

二、内部因素

1. 企业的经营战略和用人政策

一家企业的战略类型、战略决策的层次和企业文化等都会对企业的招聘产生影响。不同的企业发展战略对人员的需求量不同，而且在不同的发展战略下，企业招聘活动的重点也是不同的。企业高层决策人员的用人政策不同，对员工的素质要求也不同。同时，高层决策人员对内部招聘和外部招聘的倾向性看法也会影响企业招聘的方式与方法。

2. 企业自身的形象和条件

通常情况下，企业在社会中的形象越好，就越有利于招聘活动。良好的企业形象会对应聘者产生积极的影响，引起他们对企业空缺职位的兴趣，从而有助于提高招聘效果。在当今社会，个人所得往往被认为是自身价值的体现，是社会对自己的认可，不少求职者会着重关注企业所提供的福利待遇。在实际招聘中，企业也常常"打待遇牌"，用高薪吸引人才。

3. 职位的性质

职位根据性质可以分为适需性和储备性两种。职位不同，招聘方法也应不同。高层管理者的招聘必须综合使用多种方法，特殊人才的招聘可以借助猎头公司和专业的评价中心，普通员工的招聘应考虑解约成本，而储备性人才的招聘应与企业发展战略相结合，综合考虑他们的短期安排和长期发展。

4. 企业的招聘预算

企业的招聘预算对招聘活动产生重要影响。充足的招聘资金可以使企业选择更多的招聘方法，扩大招聘范围。例如，企业可以选择强势媒体来发布招聘广告。相反，有限的招聘资金会使企业在招聘时的选择大大减少，这会对招聘效果产生不利影响。

三、个人因素

个人因素是容易被忽略的影响企业最终招聘效果的因素，具体而言，个人因素包括招聘者的个体因素和求职者的个体因素两部分。

1. 招聘者的个人特质

企业招聘者的个人特质会对最终的招聘结果产生影响。较好的个人形象、文雅的谈吐、温和的态度等积极特质会对求职者产生正向吸引，进而提高求职者接受企业应聘条件的概率。具体而言，招聘者的个人特质可以从表1-1所示的三个方面来判定。

表1-1　招聘者的个人特质

项目	内容
人的品德和外在形象	作为企业的招聘者应该具备良好的个人品格和修养，为人正直、客观、公正
	在面试过程中，主考官代表着企业的形象，是联结企业和求职者的桥梁。他们应使每位求职者在与其接触中感受到企业的文化及价值观
学历	学历是个人能力的体现。在获得学历的过程中，个人需要付出努力，掌握必备的知识与技能，所以学历的高低能够体现招聘者的能力
专业知识与经验	人力资源甄选人员具备人力资源专业或者其他相关管理专业的背景，能够更好地掌控面试过程、挑选人才
	人力资源专业知识和工作经验与沟通能力、分析能力、识人能力、解决问题能力、服务意识能力、值得信赖能力、亲和力、自我控制能力、适应能力有较高或很高的正相关关系

此外，招聘者能否准确地把握职位的潜在要求，能否熟练运用各种面试技巧控制面试进程，公正、客观地评价求职者，是否掌握人员测评技术等都会影响招聘效果。

2. 求职者的求职动机和强度

求职者的求职动机和强度决定了求职者对所应聘职位的渴求程度。虽然求职者的求职动机和强度会受到诸如个人背景与经历以及个人财务状况等因素的影响，但总体而言，求职强度高的应聘者更容易接受企业的应聘条件，求职成功率高，反之亦然。

案例 1-2　年前招聘、年后入职的人员，怎样保证其入职率？

2019年1月，某电子公司准备招聘一批销售人员，在春节后正式上岗，经面试合格的人员答应可以春节后上岗，但是春节过后，有一部分人员未能如期入职。

请问：企业应如何保证入职率？

【解析】企业为了减少一定的成本支出，加上临近节日考虑员工的稳定性、积极性，一般会选择让员工年后入职，年后入职者和招聘单位可选择的空间都比较大，有一部分人员答应入职却迟迟不到岗的现象也司空见惯。企业可以通过以下措施来保证其入职率：

（1）签署正式的劳动合同。招聘结束，企业应及时与求职者签署正式的劳动合同。在合同中明确双方的权利和义务，以确保求职者能够理解和认可工作内容和待遇，并愿意履行合同。

（2）加强沟通和关注。招聘结束，企业应加强与求职者的沟通和对求职者的关注，了解求职者的变化情况，及时解答求职者的疑问，并给予必要的帮助。

（3）提供有吸引力的福利待遇。企业应该为求职者提供有竞争力的薪酬和福利待遇，同时根据求职者的实际情况，提供适当的培训和发展机会，以激发其工作热情和积极性。

（4）保持与求职者的联系。招聘结束，企业应与求职者保持联系，以了解其入职准备情况，并为其提供必要的支持和帮助，以确保其顺利入职。

结合本案例，对于年前招聘、年后入职的求职者，企业需要采取有效的措施，提高求职者入职率。这包括签署正式的劳动合同、加强沟通和关注、提供有吸引力的福利待遇、树立良好的企业品牌形象和保持与求职者的联系等。

【答疑解惑】

问1：企业是否录用应聘者，全凭老板一句话？

【解答】一般而言，企业的招聘流程是包括多个环节的，在整个流程中，老板或招聘负责人只是其中的一个环节，不能单凭其一句话就决定是否录用应聘者。实际上，老板与应聘者的接触较少，对应聘者的具体情况往往不是很了解，免不了受主观因素的影响而作出决策，给企业造成一定的招聘风险。人力资源部门或者用人部门领导都有向决策层提供建议的权利和义务，毕竟应聘者的实际情况与具体的岗位能力要求用人部门领导最为了解。还有一些企业招聘新员工时很容易受个人主观因素的影响，缺乏理性的规划与选择，全凭个人喜好来决定，这样会给企业带来不必要的成本损失。

问2：不重视招聘、对招聘人员素质要求不高会怎样？

【解答】在招聘过程中，招聘人员的素质直接决定招聘的质量。很多企业习惯性地忽略了一个事实，即招聘是一个双向选择的过程，而不是企业单方面的挑选。

所以，企业给应聘者留下的第一印象非常重要，尤其是那些高层次、优秀的人才，他们有敏锐的眼光和丰富的经验，他们可以发现公司目前的经营形势和状况。

总之，不重视招聘、对招聘人员素质要求不高将会使企业面临许多潜在的风险和问题，从长远来看，这种做法不利于企业的可持续发展。因此，企业应该重视招聘工作，对招聘人员素质要求严格，并采用专业的招聘方法和程序，确保招聘的公正性和合法性，以吸引、留住和培养优秀的人才。

第三节 员工招聘的原理

一、匹配原理

人岗匹配是招聘中的基本原理。在传统的招聘中，组织通常比较关注个人与岗位的匹配度，但在实践中发现，仅有人岗匹配还不足以使应聘者在进入组织后取得预期的绩效，甚至会很快流失。研究发现，由于人本思想的不断发展，员工的个人意识不断增强，社会的用工结构不断变化，知识员工比重越来越大，因此匹配原理得到丰富，除了个人与岗位的匹配，还应关注个人与团队、个人与组织的多元匹配。

1. 个人与岗位匹配（Person-Job fit）

人岗匹配指的是人的个人特征与岗位要求的匹配度。它包含两个内容：

（1）个人的特征完全胜任岗位的要求，即所谓人得其职。

（2）岗位要求的能力个人完全具备，即所谓职得其人，表现为个人能在岗位上充分发挥能力，岗位工作任务能有效完成。最优不等于最匹配，最匹配必定是最适合。

评估人岗匹配首先要明确岗位特征和个人特征。为了了解和评价岗位，需要工作分析、岗位评价技术；为了评价个人，需要人才测评技术。人岗匹配具体包括三个方面，如表1-2所示。

表1-2 人岗匹配的三个方面

项目	内容
气质、性格与岗位的匹配	（1）外向型的人更适合能充分发挥自己行动能力和积极性，并与外界有广泛接触的岗位 （2）内向型的人比较适合从事有计划的、稳定的、不需要与人过多交往的岗位
能力与岗位的匹配	能力是岗位适应性的首要的和基本的因素，需要关注能力类型差异和水平差异与岗位活动的关系，只有一致或基本一致，才能发挥能力优势，既不会造成人才高消费，又不会导致不适应需要
价值观、兴趣与岗位的匹配	（1）价值观是决定个体满意度的主要因素之一，影响着个人对岗位工作过程的行为和态度 （2）兴趣是最好的老师，可以激发个人的动力，发挥个人的效用

2. 个人与团队匹配（Person-Group fit）

个人与团队匹配是指个人与其所属的团队或部门人员之间的匹配度。人作为个体，不可能十全十美，而是各有优缺点。在现代组织中，很多岗位任务的实现，需要通过团队完成，这就决定了其他成员的工作效率会影响团队效能，反过来也会影响个人绩效。

因此，团队之间的配合十分重要，需要通过个体间的取长补短而形成整体优势，达到"1+1＞2"的效果，以实现组织目标。所以，企业招聘时要考虑个人和原有团队的匹配性。这种匹配需要通过各类互补实现，从而实现一个整体优化的人才结构，如表 1-3 所示。

表 1-3 个人和原有团队匹配的要素

项目	内容
知识互补	若个体在知识领域、知识的深度和广度上实现互补，那么整个集体的知识结构就比较全面、合理
能力互补	若个体在能力类型、能力大小方面实现互补，那么整个集体的能力就是全面的，在各种能力上都可以形成优势，这种团队的能力结构就是合理的
性格互补	若每个个体都具有不同的性格特点，则具有互补性。比如，有人内向，有人外向；有人急躁，有人冷静；有人直爽，有人含蓄等。对一个整体而言，这个团队就易于形成良好的人际关系并具有处理各类问题的良好性格结构
年龄互补	员工的年龄不仅与人的体力、智力有关，还与人的经验和心理有关。一个集体，根据其承担任务的性质和要求，都有一个适合的员工年龄结构，既可以在体力、智力、经验、心理上进行互补，又可以实现人力资源的新陈代谢，焕发持久的活力

3. 个人与组织匹配（Person-Organization fit）

个人与组织匹配是个人与组织期望之间的匹配度。组织和员工在进行双向选择时，越来越关心彼此深层次的要求。组织有自己的组织战略、文化和价值观，其期望是通过物质和非物质的（包括心理的和情感的）付出，得到个人预期的行为，达成预期目标；个人也有自己的职业规划、工作动力，其期望是通过体力、脑力包括心理的付出，得到组织物质和非物质的（包括心理的和情感的）补偿。

从组织方面来讲，希望员工能认同其发展目标、组织文化，接受其价值观的规范，全身心地投入组织的工作中；从个人方面来讲，希望组织不仅仅给予一份工作，更希望能提高自己的综合素质、成就需求、工作满意度，最终实现自己的职业目标。这两者的匹配既有利于员工获得激励、激发工作积极性、推进组织目标的实现，又有利于组织了解员工需求、辅助其实现个人价值。

这种匹配需要在招聘过程中相互传递，彼此了解和判断，为双向选择提供依据。在整个招聘过程中，个人和组织结合所获得的信息经过分析会得出结论。当个人觉得组织能给予其预期活动的收获时，会接受职位；同样，当组织觉得个人能获得良好的绩效时，便会录用，甚至给予较高的薪酬和个人发展的承诺。

强调员工与组织的整体匹配，一方面，个体能够满足特定工作岗位的要求；另一方面，能够实现个体内在的特征与组织的基本特征之间的一致性。研究表明：员工态度（组织承诺、工作满意度）和员工行为（工作绩效、工作任期、组织公民行为）与个人组织匹配呈正相关，员工的离职意向、离职率与个人组织匹配呈负相关。

人岗匹配、个人与团队匹配以及个人与组织匹配都能影响员工的工作动机和组织的有效性，但在侧重上有所区别，如表1-4所示。清楚地理解其特征，并使这三种匹配形成一个有机的多元结构，将对组织和个人目标的实现起到积极的推动作用。

表1-4　多元匹配的比较

匹配类型	分析水平	动机成分	组织有效性成分
个人与岗位匹配	个人	自我效率	工作熟练程度
个人与团队匹配	团队	社交便利	团队合作、团队增效
个人与组织匹配	组织	有效激励	满意程度、工作态度

二、个体差异性原理

个体差异性是指人与人之间在素质上存在差别的客观性质。世界上没有两个完全相同的人，人与人之间由于先天遗传因素和后天成长环境（社会文化背景、家庭环境、教育体系、工作环境等）的不同，形成了各种各样的个体。因此，个体差异的存在是客观的，具体而言，表现在个体生理差异、个体心理差异和个体文化差异三个方面。这些个体差异性的存在，为人员的招聘和甄选提供了客观条件，在具体实施过程中，企业应关注的核心是个体心理差异。

个体心理差异如表1-5所示。

表1-5　个体心理差异

项目		内容
能力差异	能力类型差异	一般能力性向差异，例如，有些人善于逻辑思维、有些人善于形象思维；有些人善于综合概括、有些人善于细节分析 特殊能力不同和能力组合不同，例如，有些人音乐能力强，有些人绘画能力强
	能力水平差异	能力发展的水平有高有低、有强有弱，诸如智力方面的表现，可以分为优秀、良好、中等、较差、很差等多个等次
	能力发展早晚差异	人的能力发展有先后，有的少年早慧，有的大器晚成

续表

项目	内容
气质差异	人的不同气质类型决定了人在感受性、忍耐性、反应的敏捷性和个性的内外性等方面存在很大差异，有些人灵活、适应能力强；有些人热情、乐于助人；有些人稳重细心、谨小慎微；有些人敏感、动作含蓄
性格差异	性格差异主要表现在认知、情绪、意志等特征上，有些人认识事物主动、深刻、准确；有些人被动、肤浅、粗略；有些人活泼好动；有些人沉静安祥；有些人自制、勇敢、认真；有些人缺乏自信、胆怯、马虎

三、心理可测量原理

个体差异是客观存在的，企业在招聘甄选中应注重应聘者的心理素质。心理具有主观性，是人脑对客观现实的主观反映，是由客观物质所决定的。但这种看不见、摸不着的心理素质能否像轻重、长短一样可以测量呢？又如何测量呢？

美国心理学家桑代克在1918年发表的一篇教育测量史上最具影响力的论文中说："任何现象，只要存在，必有数量。"物质现象有数量的存在，如轻重、长短，心理特征像能力、人格也是存在的现象，也就应该有数量的差异。后来美国测量学家麦柯尔补充桑代克的理论说："任何有数量的东西，都可以测量。"人的心理素质具有相对的稳定性，虽不能直接看到、摸到，但可以通过行为方式、工作绩效及行为结果来表现，我们可以用间接的方法测量表现这些素质的行为，从而将心理素质加以量化。

总之，表现出个别差异的心理虽然是抽象的，但却是客观存在的，并且显示出程度上的差别，因而，我们可以将它量化并加以测量，这就是心理的可测性原理。

四、能级对应原理

能级是指人的能力大小分级，不同行业或不同岗位对从业人员能级的标准是不一样的。能级对应原理主要是指具有不同能力的人，应配置在不同的职位上，给予不同的权力和责任，实行能力与职位的对应，使人尽其才，物尽其用。企业实现能级对应，必须做到以下四点：

（1）能级管理必须按层次进行。现代组织中的"级"不是随便组合的，而是要形成"用最少的人办最多的事，多一个人就多一个故障因素"的现代观念。这与人力资源规划有密切的联系。

（2）人的能力是有差异的，不同的能级应该表现出不同的权、责、利和荣誉。在其位、谋其政、行其权、尽其责、取其利、获其荣，对失职者应惩其误。

（3）各类能级的对应是一个动态过程。人有各种不同的才能，领导者必须知人善任。随着时间的推移、事业的发展，各个职位及其要求不断变化，人们的素质和能力也不断变化，因此，领导者必须经常调整"能"与"级"的关系。

（4）稳定的能级结构应是正立三角形，即较少的高级人员、较多的中级人员、更多的低级人员。也就是说，一个组织中人员能级的分布应是正立三角形，否则就会显得不稳定，如图 1-3 所示。

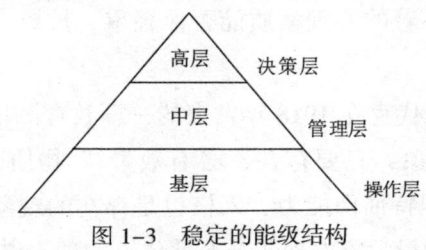

图 1-3　稳定的能级结构

五、要素有用原理

要素有用原理的含义是"天生我材必有用"，在人力资源开发和管理中，任何要素（人员）都是有用的，关键是为它创造发挥作用的条件。换言之，没有无用之人，只有没用好之人。我们可以从以下三个方面来理解这一原理。

（1）人才的招聘与配置需要一定的环境。一是知遇，要有伯乐式的领导者在人才任用中发挥关键作用；二是政策，如"公开招聘""竞争上岗"等政策，使许多人才走上更高的岗位，甚至领导岗位。

（2）人的素质呈现复杂的双向性。例如，吝啬的人有时也很慷慨，严谨认真的人也会马虎，坚强的人也会胆怯，懦弱的人也会铤而走险等。这给了解人、用其所长以及发现和任用人才带来了许多困难，这就要求人力资源管理者要克服各种困难，知人善任。

（3）人的素质在肯定中包含否定，在否定中包含肯定。优点和缺点共存，失误中往往隐含着成功的因素，平庸的人也有闪光的一面。各种素质的模糊集合使人的特征呈现出千姿百态，形成"横看成岭侧成峰，远近高低各不同"的现象。一个优秀的领导者应当成为善于捕捉每个人身上闪光点并加以利用的伯乐。

六、公平竞争原理

公平竞争是指竞争者各方以同样的起点、用同样的规则，公正地进行招募、甄选和录用。在人员招聘中引进竞争机制，可以较好地解决用人所长、优化组合等问题。运用公平竞争原理，就是要坚持公平竞争、适度竞争和良性竞争三项原则，具体如图1-4所示。

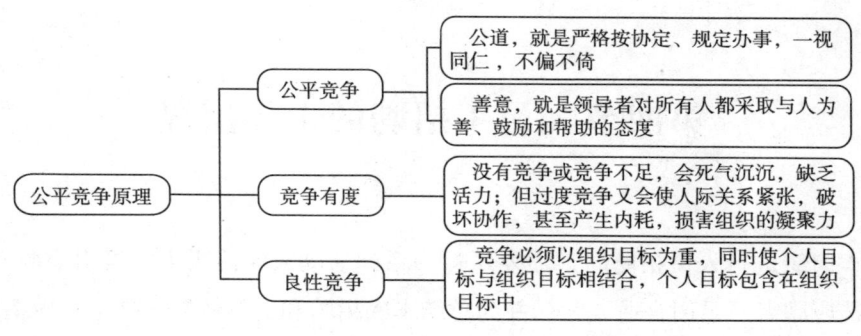

图1-4 公平竞争原理

【答疑解惑】

问1："招到人"是衡量招聘管理的唯一指标吗？

【解答】很多企业的人力资源部门只负责"招人"，不负责"留人"，认为只要按照用人部门的需求招到合适的员工，招聘工作就算告一段落。实际工作中常常会出现试用期员工离职的情况，导致人力资源部门重新花时间和精力选拔人才，而在这个过程中，用人部门也会因为员工的空缺影响工作任务的完成，这无疑消耗了企业的招聘成本。

其实，在招聘管理活动中，人力资源工作者除了负责"招人"，还需要想办法"留人"，即通过对试用期员工的回访，了解新员工对企业的看法，向新员工宣传企业文化、福利制度等，让新员工对企业产生归属感，增强新员工对公司的忠诚度，让新员工更好地在工作中发挥自己的才能。

问 2：招聘工作在新员工入职以后就结束了吗？

【解答】有的招聘人员认为招聘工作在新员工入职以后就结束了，只要确保每个岗位上都有人承担工作，招聘工作就算圆满完成了。这种想法其实是片面的，招聘管理还应该包括后续的招聘评估，即对招聘效果、招聘方法、招聘渠道、招聘成本及招聘过程进行评估，找出其中需要改进和完善的部分，规范招聘人员的工作行为，进而不断地提高招聘管理效率，提高企业人力资源的利用率。

第四节 员工招聘的工作流程

组织进行人员招聘时，需要通过一系列活动来明确需求、吸引应聘者、甄选应聘者、录用合适人才，并为总结本次招聘和更有效地开展下一轮招聘进行评估。整个招聘过程是一个完整的、系统的、程序化的、循环的操作过程，大致包括准备、招募、甄选、录用、评估五个阶段，具体如图 1-5 所示。

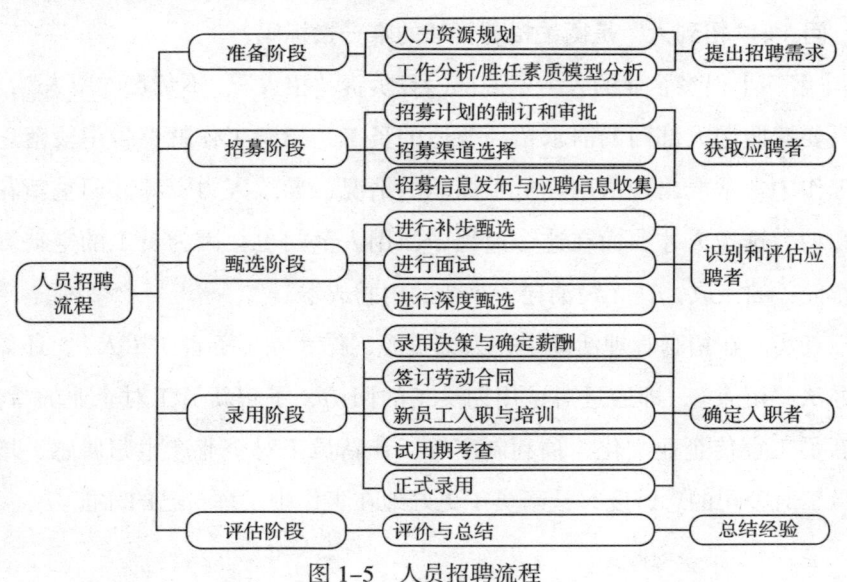

图 1-5 人员招聘流程

一、准备阶段

要实现有效的人员招聘，需要做好充分的准备工作。人员招聘有两项基础性工作，即人力资源规划和工作分析。人力资源规划是运用科学的方法对组织人力资源需求和供应进行分析及预测，判断未来组织内部各岗位的人力资源在数量、结构、层次等方面是否平衡，以此来决定招聘的岗位。

传统的工作分析要进行一系列的前期研究，获得的结果包括职位说明书和工作规范。职位说明书通常包含招聘岗位的工作活动或工作职责；工作规范规定了任职者完成工作应具备的资格，比较重视考查应聘者的知识、技能等基准性胜任特征，这是一种最低标准。

基于胜任素质的工作分析则在原有工作分析的基础上明确了各专业系列、各工种，以及重点岗位所需的个性特征、动机、综合能力、工作经验等量化行为等级标准，侧重于研究工作绩效优异的员工，突出与优异表现相关联的特征及行为，结合这些人的特征和行为定义这一工作岗位的职责内容，它具有更强的工作绩效预测性。当然，建立胜任素质模型需要组织本身的人力资源管理较为成熟，并拥有足够的资源，一般组织在开始阶段可将基于胜任素质的工作分析运用于对组织成功最为关键的岗位上。

准备阶段的工作目标在于有针对性地提出具体的招聘需求，这些工作的有机结合使招聘工作的科学性、准确性和持续性大大加强，为后续工作指明了方向。

二、招募阶段

招募阶段是在准备阶段的基础上，结合组织内外部环境，制订符合组织实际情况的、具体的、可行的招聘计划；确定招聘策略，选择合适的招聘渠道，包括外部渠道和内部渠道；构建专业化的招聘团队，明确各自的分工；发布有效的招聘信息，制作规范的、有特色的招聘广告，吸引足够多的应聘者，并进行应聘信息的收集整理工作。

招募阶段的工作目标在于通过最小化的投入最大限度地获取符合要求的应聘者，为最终招聘到合适的人员提供基本保障。

三、甄选阶段

甄选阶段是对招募阶段获取的应聘者进行甄别和评价的过程。这一阶段结合准备阶段对招聘岗位要求的分析，建立各种岗位的不同甄选评价体系，确定对于不同岗位的不同要求所采用的甄选方式的组合，诸如常用的笔试、心理测验、面试、评价中心技术等方法，确定甄选的实施计划，完成甄选试题的开发和试测工作；培训考官，明确测评流程和测评标准；进行各类测评的现场组织，通知应聘者参加甄选；最后通过初步选拔、面试、深度甄选的具体实施，做出对每个应聘者个性特征、能力倾向、知识经验的综合素质的评估。

甄选阶段的工作目标是科学地分析应聘者的综合素质，运用性价比最高的测评技术识别和评估应聘者，为最后的录用决策提供丰富的信息。

四、录用阶段

录用阶段是甄选阶段对应聘者测评的结果进行分析并录用的过程。这一阶段依据录用的制度和规则，对应聘者做出最后的录用决定，并结合岗位和应聘者的情况确定薪酬，同时对录用者进行背景调查和体检，确定其背景资料的真实性和身体条件是否符合岗位要求。对于符合条件和达到岗位要求的人员，人力资源部门要同其签订劳动合同，安排录用者办理一系列入职手续，进行入职适应性培训，使其熟悉企业文化、政策规定、工作程序并具备一定的业务水平，经过试用期的考察，听取各方面的反馈意见，结合其试用期考核的要求，对符合条件的应聘者最终正式录用。

录用阶段的工作目标是通过规范的流程，完成对合适人员录用的职能，从而实现招聘目标。

五、评估阶段

评估阶段是对整个招聘活动进行的评估和审核。这一阶段主要是运用各种方法评价招聘活动是否在合适的预算范围内及合适的时间要求下，招聘到了满足组织需要的人员，通过一些相关的指标来衡量本次招聘工作的有效性。

评估阶段的工作目标是总结本次招聘工作的有效经验，发现招聘过程中的不足，并为下一次招聘提出改进和完善的建议，从而提高招聘工作效率和效果。

案例1-3　面试通过但学历有问题，怎么办？

李某顺利通过了某高新科技公司软件工程师的笔试和面试，人力资源部门和研发部都觉得他不错，准备通知李某来报到。但在报到前，人力资源部在验证李某学历时发现，李某并不具备他宣称的本科学历，而只是大专毕业。

请问：这种情况，人力资源部门应该如何应对？

【解析】如果面试过程中通过了求职者的面试，但后续发现其学历存在问题，人力资源部人员可以考虑以下几种方式应对：

（1）重新核查。人力资源部人员需要与求职者沟通，重新核查其提供的学历证书是否真实有效。如果应聘者能够提交相应证明材料并证明其学历真实有效，则可以继续考虑录用。

（2）考虑其他因素。除了学历，人力资源部人员还需要考虑求职者的工作经验、专业技能和个人素质等因素。如果求职者在其他方面表现出色，符合公司需求，也可以综合考虑录用。

（3）沟通透明化。在处理这类情况时，人力资源部人员需要保持沟通透明，告知求职者存在的问题和建议，并严格按照公司的招聘政策处理。

对于面试通过但学历有问题这种情况，人力资源部人员需要根据具体情况采取不同的处理方式，尽量避免对求职者造成负面影响，并保障公司招聘政策及法律法规的合规性。

【答疑解惑】

问：企业存在招聘目的不明确、标准不合理、招聘方法死板的问题该如何改进？

【解答】如果企业在招聘过程中存在招聘目的不明确、标准不合理、招聘方法死板等问题，可以通过以下方式来改进：

（1）重新审视招聘目的。企业应该重新审视自己的招聘目的，明确需要招聘的人员数量、岗位要求和业务需求等信息，以便更精准地开展招聘活动。

（2）优化招聘标准。企业需要根据实际情况优化招聘标准，既不能过于苛刻，也不能过于宽松。要根据岗位的具体要求和市场行情等因素来制定标准，确保招聘的人员能够胜任工作并符合企业的期望。

（3）鼓励创新思维。为了避免招聘方法死板的问题，企业需要鼓励创新思维，尝试引入新的招聘方法和手段，如社交招聘、内推招聘等，从而拓宽人才来源渠道，提高招聘效率和质量。

（4）加强培训和管理。为了确保招聘到的人员能够快速适应公司文化和工作环境，企业需要加强对新员工的培训和管理，让他们尽快融入公司，并提供必要的指导和支持。

（5）定期评估和优化招聘流程。企业需要定期评估和优化招聘流程，及时发现和解决可能存在的问题和瓶颈，从而提高整个招聘流程的效率和准确性。

总之，企业在招聘过程中需要充分关注招聘目的、标准和方法等问题，及时调整和优化招聘策略与方法，从而提高招聘效果和人才质量，为企业的长期发展奠定坚实基础。

第二章
如何制订招聘计划

第一节　人力资源规划

一、什么是人力资源规划

人力资源规划，又称人才资源规划、人力资源计划，是指企业根据战略经营计划，结合自身所处内外环境和条件的变化，科学预测企业在未来一段时间内的人力资源需求与供给情况，并制订科学的人力资源获取、配置、利用、保护和开发等各项策略，保证企业人力资源的合理利用，使企业和个人都得到长足发展，实现人才与企业的共赢。

人力资源规划是具有战略性的规划。面对激烈的市场竞争环境，企业的人力资源工作变得越来越困难。因此，要想科学预测企业的人力资源需求与供给情况，人力资源工作者必须准确把握市场形势，再结合企业内部的各种因素做科学分析。

二、人力资源规划的内容和类别

人力资源规划按照不同的分类标准包括不同的内容。

1. 按照内容可以划分为总体规划和专项规划

人力资源总体规划也称为人力资源战略规划，属于第一层次。人力资源总体规划是对计划期内人力资源规划结果的总体描述，包括预测的需求和供给分别是多少、人力资源净需求、做出这些预测的具体依据是什么、企业平衡人力资源供需的原则和总体政策。人力资源总体规划具体包括的内容如图2-1所示。

人力资源数量规划是依据企业业务模式、业务流程、组织结构等因素确定未来企业各部门人力资源编制以及各类职位人员配比关系、需求计划和供给计划。人力资源素质规划是依据企业战略、业务模式、业务流程确定企业人员的基本素质要求、行为能力和标准，并在此基础上制订企业未来人力资源素质提升计划和培养激励计划。人力资源结构规划是依据行业特点、企业规模、战略重点发展的业务及业务模式，对企业人力资源进行分层分类，设计和定义企业职位种类与职位责权界限的综合计划。

图 2-1　人力资源总体规划的内容

人力资源专项规划，也称为战术计划和行动方案，属于第二层次，即专项业务计划。专项业务计划是总体规划的展开和具体化，专项业务计划包括人员补充计划、人员使用计划、人才接替及提升计划、培训与开发计划、评价与激励计划、劳动关系计划和退休与解聘计划等内容，每项计划由目标、政策、步骤和预算等要素组成，其具体内容如表 2-1 所示。

表 2-1　人力资源专项规划的具体内容

计划类型	目标	政策	步骤	预算
人员补充计划	类型、数量、对人力资源结构及绩效的改善等	人员标准、人员来源、起点待遇	拟定标准、广告宣传、招募筛选、录用（时间）	招聘、挑选费用
人员使用计划	部门编制、人力资源结构优化及绩效改善、职务轮换幅度	任职条件、岗位轮换的范围和时间	—	按使用规模、类别及人员状况决定的薪资预算
人才接替及提升计划	后备人才数量保持、优化人才结构、提高绩效	选拔标准、资格、试用期、提升比例	拟定人员接替及提升的员工，接替和提升条件、渠道、模式	职位变化引起的薪酬变化
培训与开发计划	素质及绩效改善、企业文化推广、员工入职引导	时间保证、培训效果保证（待遇、考核、试用）	拟定培训人员、内容、时间、方式、地点、培训费用估算	培训投入、工作脱产损失
评价与激励计划	人才离职率降低、士气水平和绩效提高	激励重点、工资政策、奖励政策、反馈	—	增加工资、奖金
劳动关系计划	降低非期望离职率、减少投诉率及不满	参与管理、加强沟通	—	诉讼费及相关费用
退休与解聘计划	编制计划、人力成本降低及生产率提高	退休政策、解聘程序	—	安置费、资遣费

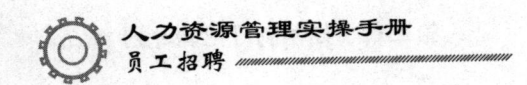

2. 按照时间可以划分为长期规划、中期规划、短期规划

短期规划一般是1年内的规划，这种规划要求明确、任务具体、可操作性强。中期规划一般在1～5年，这种规划需要对企业总体要求、方针政策做出明确规定，但没有短期规划那样具体。长期规划一般在5年以上，这种规划是对企业未来发展方向、愿景、目标的概括说明，需要企业根据环境变化做出相应的调整。

三、人力资源规划的程序

通常而言，人力资源规划有一定的程序，其具体步骤包括准备阶段、预测阶段、实施阶段、评估阶段，如图2-2所示。

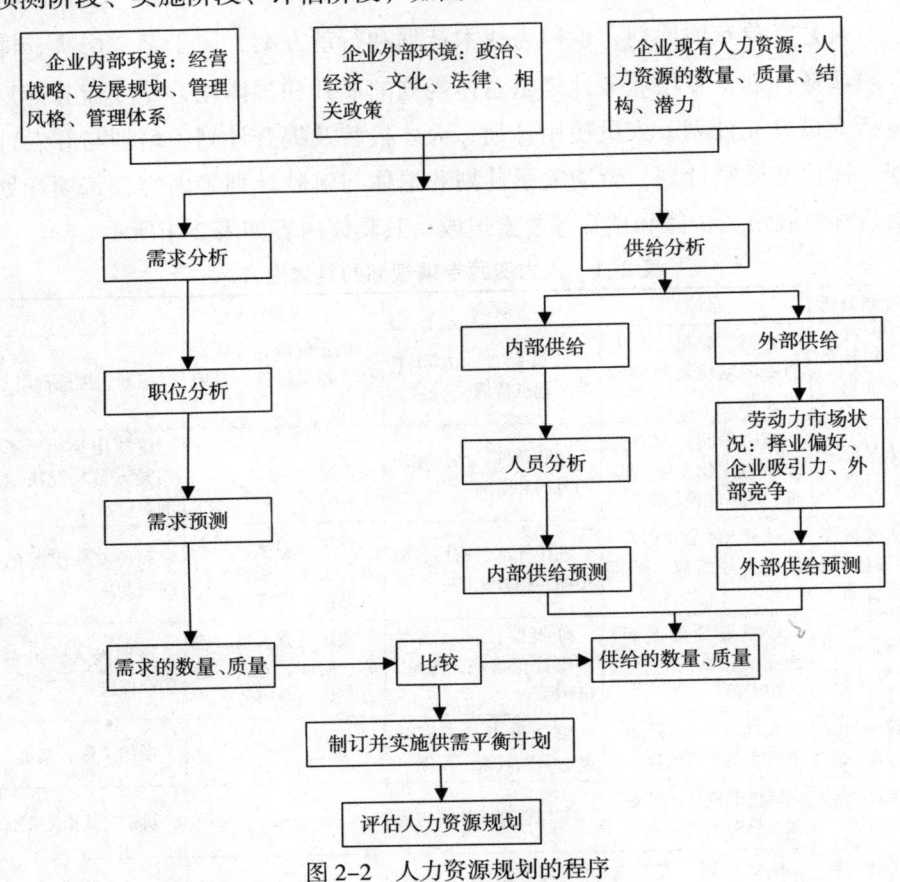

```
┌─────────────────┐  ┌─────────────────┐  ┌─────────────────┐
│ 企业内部环境：经营 │  │ 企业外部环境：政治、│  │ 企业现有人力资源：人│
│ 战略、发展规划、管理│  │ 经济、文化、法律、相│  │ 力资源的数量、质量、结│
│ 风格、管理体系    │  │ 关政策           │  │ 构、潜力          │
└─────────────────┘  └─────────────────┘  └─────────────────┘
         │                    │                     │
         └────────────────────┼─────────────────────┘
                    ┌─────────┴─────────┐
              ┌──────────┐         ┌──────────┐
              │ 需求分析  │         │ 供给分析  │
              └──────────┘         └──────────┘
                    │              ┌─────┴─────┐
              ┌──────────┐    ┌──────────┐ ┌──────────┐
              │ 职位分析  │    │ 内部供给  │ │ 外部供给  │
              └──────────┘    └──────────┘ └──────────┘
                    │              │       ┌──────────┐
                                           │劳动力市场状│
              ┌──────────┐    ┌──────────┐ │况：择业偏好、│
              │ 需求预测  │    │ 人员分析  │ │企业吸引力、外│
              └──────────┘    └──────────┘ │部竞争      │
                    │              │       └──────────┘
                                                 │
                                   ┌──────────┐ ┌──────────┐
                                   │内部供给预测│ │外部供给预测│
                                   └──────────┘ └──────────┘
                    │              │                │
              ┌──────────────┐ ┌──────┐ ┌──────────────┐
              │需求的数量、质量│─│ 比较 │─│供给的数量、质量│
              └──────────────┘ └──────┘ └──────────────┘
                                  │
                        ┌──────────────────┐
                        │制订并实施供需平衡计划│
                        └──────────────────┘
                                  │
                         ┌────────────────┐
                         │ 评估人力资源规划 │
                         └────────────────┘
```

图2-2 人力资源规划的程序

四、人力资源规划对招聘的影响

人力资源规划是企业人才招聘的基础性工作，对招聘的影响如表 2-2 所示。

表 2-2　人力资源规划对招聘的影响

项目	内容
确保企业在发展中对人力资源的需求	（1）企业在进行人力资源规划时，可以了解本企业人力资源的状况、存在的问题 （2）在市场竞争越来越激烈的同时，认清自己的人才储备、人才需求是取得胜利的保障 （3）企业通过事先的人力资源规划，可以减少企业在发展过程中人才供应不足、人浮于事等问题
为企业的人事决策提供依据和指导	（1）人力资源规划对企业的人力资源供给和需求的预测要从数量与质量两方面进行分析 （2）人力资源规划的结果对企业的招聘数量与质量提出了要求，招聘活动要以人力资源规划的方案为依据
合理调配人才，降低用人成本	人力资源规划使企业了解人力资源配置的结构，有利于企业了解人员当前余缺、能力与岗位的匹配状况，有效地重新分配人员，使企业人力资源结构趋于合理，从而降低用人成本
提供均等的就业和提升机会	经过规划的人力资源不仅在年龄结构、知识结构、专业结构、能力结构等方面趋于合理，还可以把切实的就业机会提供给有需要的人，促进企业的能岗匹配
满足员工需求，调动员工积极性	（1）人力资源规划在对企业进行人力资源储备情况了解后，会改善企业中存在的能岗不匹配、岗位空缺等问题 （2）有能力的人可能会被重新安排岗位或者晋升，其有利于调动员工的工作积极性
加强人力资源使用的前瞻性，提升企业竞争力	（1）企业的核心竞争力主要表现在人才和科学技术上，企业的竞争归根结底是人才的竞争 （2）人力资源规划有利于企业及时储备所需人才，使企业在未来的竞争中处于领先地位

【答疑解惑】

问 1：企业为何要做人力资源规划？

【解答】企业做人力资源规划的原因有两个：

（1）任何组织和企业都处在一定的外部环境中，其各种因素均处于不断的变化和运动状态。这些环境中政治的、经济的、技术的等一系列因素的变化，势必要求组织和企业做出适当回应，而这种适应环境的变化一般都会带来人员数量和结构的调整。

（2）组织和企业内部的各种因素无时无刻不在运动和变化，人力因素本身也会处于不断的变化中。比如离退休、自然减员、企业内部进行的工作岗位调动、晋升等导致人员结构的变化。

问2：人力资源规划与招聘管理有何关系？

【解答】人力资源规划与组织招聘管理之间存在密切的关系，人力资源规划规定了招聘和甄选人才的目的、要求及原则，组织的招聘工作须基于人力资源规划的框架展开。人力资源规划的内容解决了招聘管理中的相关问题，包括岗位的空缺情况、招聘的时间、招聘的数量和质量、招聘的渠道等，人力资源规划是组织实施招聘的前提条件，招聘是人力资源规划的具体运用。

第二节　招聘需求分析

一、什么是招聘需求分析

招聘需求分析是企业在自身战略发展计划及内外部各项资源的基础上，运用科学的预测方法对企业在一定时期内人力资源的需求数量、质量及结构进行分析，最终得出科学的分析结果，为后续招聘管理工作的顺利开展提供必要的依据。企业招聘需求产生的原因如图2-3所示。

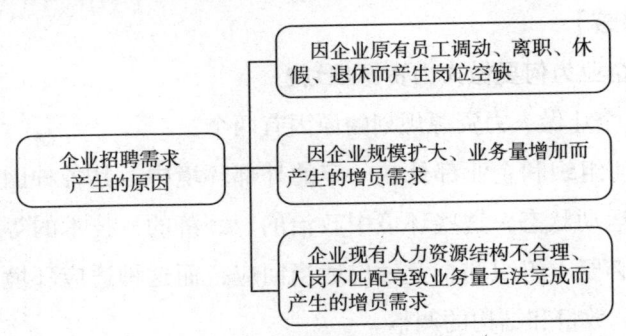

企业招聘需求产生的原因：
- 因企业原有员工调动、离职、休假、退休而产生岗位空缺
- 因企业规模扩大、业务量增加而产生的增员需求
- 企业现有人力资源结构不合理、人岗不匹配导致业务量无法完成而产生的增员需求

图2-3　企业招聘需求产生的原因

通常在招聘需求暂时得不到满足时，面对有关部门人员不足的问题，人力资源部门会从以下这五个方面进行处理，如图2-4所示。

解决人员不足问题的途径

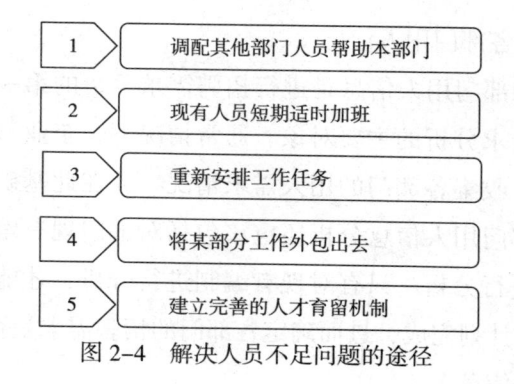

1. 调配其他部门人员帮助本部门
2. 现有人员短期适时加班
3. 重新安排工作任务
4. 将某部分工作外包出去
5. 建立完善的人才育留机制

图 2-4　解决人员不足问题的途径

二、企业不同时期的招聘需求

企业根据其经营目的产生招聘需求，并且在不同的阶段，招聘的需求各不相同。一般包括初创期、成长期、稳定期、衰退期四个阶段，如表 2-3 所示。

表 2-3　企业不同时期的招聘需求

阶段	需求
初创期	企业刚刚成立或者成立不久，这时的企业招聘需求量很大，组织架构及岗位设置不稳定，而且经常做出调整
成长期	企业成立之后的内部流程变多，但外部市场还不稳固，这时企业招聘需求总量缩小，有的岗位趋于稳定，但局部岗位仍在调整，需求量仍然很大
稳定期	企业内部运行流程和外部市场都相对稳定，这时企业需求总量不大，只是做结构性调整
衰退期	企业内部业务及外部市场都缩减，这时企业没有招聘要求，有些岗位减员，个别岗位招员

三、招聘需求分析步骤

招聘需求分析是招聘管理工作的关键一步，招聘需求分析的步骤如图 2-5 所示。

招聘需求分析的步骤：
- 收集企业各部门用人信息
- 收集岗位信息
- 分析有效因素
- 得出分析结果

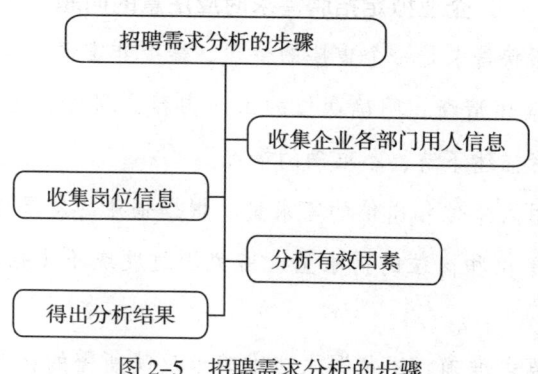

图 2-5　招聘需求分析的步骤

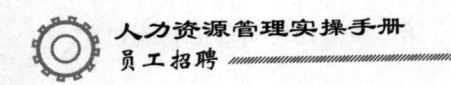

1. 收集企业各部门用人信息

收集企业各部门用人信息是进行招聘需求分析的第一步，用人信息汇总结果是招聘需求分析的主要对象。通常情况下，企业每年年底都会进行招聘需求分析，收集各部门的用人需求情况，并在此基础上制订第二年的招聘计划。各部门用人信息分析还应该包括对部门现有编制的分析，不能只对用人需求进行分析。只有对现有编制进行分析，才能了解部门工作任务量是否能够按计划完成，进而确定各部门的招聘需求是否合理。

2. 收集岗位信息

岗位信息包括岗位的工作内容、岗位职责、任职要求及需求数量。岗位信息是后续招聘工作展开的直接依据。

3. 分析有效因素

有效因素是指能够对招聘工作产生影响的各种内外部因素，包括企业内部的人才供应情况、企业外部的劳动力市场人才供应情况及缺员岗位的替代方案等其他相关因素。

4. 得出分析结果

招聘需求的分析结果需要以书面形式呈现，由人力资源部门编制，经用人部门再次审核确认，最终交由总经理或分管的副总经理审核，审批同意后方可进入下一环节。

温馨提示

企业拟定招聘需求时应注意的问题

企业拟定招聘需求是一个重要的步骤，需要非常谨慎和细致。

（1）职位描述清晰。明确职位的工作内容、职责和任职资格，避免出现职位模糊或者描述不清、不准确的情况。

（2）确定用人单位和岗位的需求量。根据企业的发展战略和市场需求，合理确定用人单位和岗位的需求量，避免因过度或不足招聘而导致浪费或损失。

（3）岗位要求准确。岗位要求应准确地反映所需的技能、经验和知识，以提高招聘成功率。

（4）招聘渠道选择合适。根据不同的岗位和目标人群，选择合适的招聘渠道，如社交媒体、招聘网站、校园招聘等，以最大限度地扩大招聘范围。

（5）预算和财务控制。企业在拟定招聘需求时，要考虑招聘成本和招聘效益之间的平衡，以确保招聘计划的可行性和财务的可持续性。

四、招聘需求表的编制

招聘需求的产生多是以人员需求表的形式来展现的。人员需求表载明需要招聘新人的理由及条件，许多公司会将职位说明书附于人员需求表之后，用于明示所需招聘人才的资格条件，为人才的甄选提供依据。值得一提的是，不同公司的人员需求表内容可能存在差异，但都大同小异。表2-4为某公司的人员需求表。

表2-4 某公司的人员需求表

申请部门		岗位名称		人数	
申请理由 （请在相应的选项前打√）	□扩大编制	□辞职补充	□储备	□补充编制	
	具体理由				
	若替换请写明被替换人的姓名				
用工性质	□劳动合同工	□聘用工	□临时工		
应到岗时间		工资范围	试用期：　　元	转正：　　元	
招聘建议	□部门内部招聘	□公司内部招聘	□外部招聘		
任职资格（扩大编制或在编请附工作说明书）					
岗位概述					
主要职员					
年龄	岁至　　岁				
学历					
知识					
技术					
能力					
个性品质					
工作经验					
特殊要求					

续表

申请部门意见：	
	签字 _____ 日期 _____
分管领导意见：	
	签字 _____ 日期 _____
人力资源部意见：	
	签字 _____ 日期 _____
总经理意见：	
	签字 _____ 日期 _____

【答疑解惑】

问1：HR如何精准分析招聘需求？

【解答】HR精准分析招聘需求需要深入了解公司的业务和战略，以及确定招聘岗位所需的技能、经验、教育背景等因素。

（1）确定公司战略和业务方向。HR需要理解公司的使命、愿景和目标，并了解公司在市场中的独特地位。这将有助于确定公司需要哪些类型和层次的员工来支持其战略和业务发展。

（2）制订用人计划。HR应与公司管理层合作，确定公司未来一段时间内需要雇用多少员工以及他们的职责和级别。这有助于确保公司可以迎接未来挑战并实现其战略目标。

（3）分析工作内容和要求。HR需要全面了解每个招聘岗位的职责和工作内容。通过职位描述和其他工具如面试问题、测试等，HR可以确定每个候选人需要具备的技能、经验和教育背景等要求。

（4）识别潜在的候选人来源。HR应该明确哪些渠道可以找到符合公司需求的人才。例如，公司网站、社交媒体、招聘网站、职业协会和员工推荐等。

（5）评估候选人的技能和经验。HR需要使用适当的评估工具和面试技巧来评估候选人是否符合职位要求。这包括基于绩效的面试、技能测试、参考检查等。

（6）持续监测和调整。HR应该在招聘流程中持续观察和调整，以确保符合公司的要求和招聘成功率。在新员工入职后，HR还需要跟进并评估员工的表现，以便更好地规划未来的人力资源需求。

问 2：HR 进行招聘需求分析的主要目的是什么？

【解答】通过招聘需求分析，HR 要清楚企业对于招聘需求职位内部的定位、诉求以及企业自身的优势有哪些，同时也要清楚外部市场情况。基于上述群体的特性，联系企业内外部情况，才能为后续的精准招聘奠定基础。

第三节 工作分析

一、什么是工作分析

工作分析（Job Analysis，JA）又称岗位分析、职位分析或职务分析，是指完整地确认工作整体，对组织中某一特定工作或职位的目的、任务、职责、权利、隶属关系、工作条件、任职资格等相关信息进行收集和分析，并确定完成工作所需的能力和资质的过程或活动。

对工作分析的概念，需要从以下三方面把握：

（1）作为人力资源管理的一项职能活动，工作分析活动的主体是工作分析者，客体是组织内部的各个职位，内容是与各个职位有关的情况，结果是工作说明书，其也可以被叫作职位说明书或岗位说明书。

（2）工作分析主要回答和解决"某一职位是做什么事情的"与"什么样的人来做这些事情最适合"两个问题。具体来说，工作分析就是要为管理活动提供与工作有关的各种信息，这些信息可以用"6W1H"来概括：Who，谁来完成这些工作？What，这一职位具体的工作内容是什么？When，工作的时间安排是什么？Where，这些工作在哪里进行？Why，从事这些工作的目的是什么？Whom，这些工作的服务对象是谁？How，如何进行这些工作？

（3）工作分析的本质就是研究某项工作所包括的内容及工作人员必需

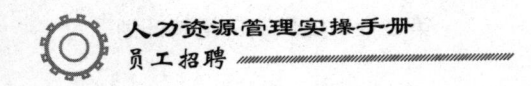

的技术、知识、能力与责任，并区别本工作和其他工作的差异，即对某项工作的内容及有关因素做全面的、有组织的描写或记载。

二、工作分析的内容

工作分析的任务就是为人力资源管理的各个方面提供基础、标准和依据。一般来说，工作分析包括两个方面的基本内容，如图2-6所示。

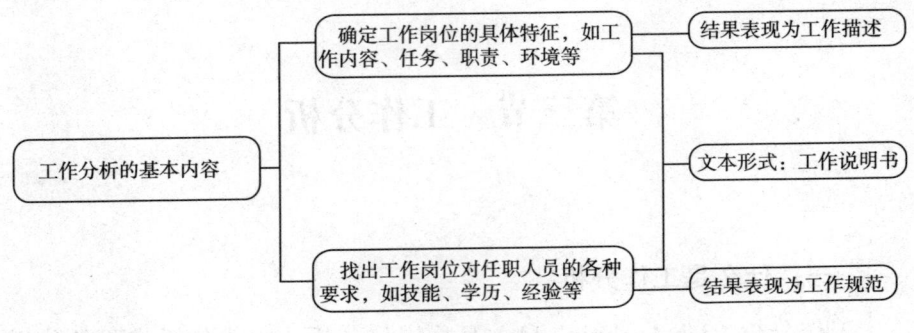

图 2-6 工作分析的基本内容

1. 工作描述

工作描述具体说明工作的物质特点和环境特点，主要解决工作内容、任务、责任、权限、标准、工作流程、环境等问题。工作描述没有统一的严格标准，在内容上一般包括如表2-5所示的四个方面。

表 2-5 工作描述的内容

项目	内容
工作基本资料	包括工作名称、直接上级职位、所属部门、对应岗位等级、薪资水平、所辖人员、工作性质等
工作详细说明	包括工作概述、工作职责、工作权限、所使用的材料和设备、工作流程、工作结果、与其他工作的关系等
组织提供的聘用条件	主要描述工作人员在组织中的有关工作安置情况
工作环境说明	包括工作条件、物理环境、安全性等说明

2. 工作规范

工作规范也称为任职资格说明，要求说明从事某项工作的人员必须具备的资历、生理和心理要求，主要内容如表2-6所示。

表 2-6 工作规范的主要内容

项目	内容
资历要求	主要是指任职所需的最低学历，培训的内容和时间，从事与本职相关工作的年限和经验等
生理要求	主要包括健康状况、体能要求、运动的灵活性、感觉器官的灵敏度等
心理要求	主要包括观察能力、集中能力、记忆能力、学习能力、解决问题能力、性格、态度、合作性等

三、工作分析的程序

工作分析是人力资源管理工作的一项复杂过程，包含一系列的工作流程。工作分析的主要流程如表 2-7 所示。

表 2-7 工作分析的程序

项目	内容
制订工作分析计划	（1）审查确认已有资料。在确认阶段，还要对现有文件资料进行审查，如现在的各种工作说明书、组织系统结构图、以往的工作分析信息、其他与工作分析有关的资料 （2）选定参加工作分析的人员和所使用的具体方法，确定在职员工和管理人员将以何种方式参与工作分析的过程，必须将哪些员工的职位列入工作分析范围等
向经理和员工说明工作分析过程	（1）在工作分析中，要向管理人员、将受到影响的员工和其他有关人员说明工作分析的过程 （2）需要解释和说明的事项一般包括工作分析的目的、采取的步骤、时间安排、管理人员和员工如何参与、谁来进行工作分析、有问题时应该与谁联系等
进行工作分析	（1）获取工作分析信息，即分发问卷、安排面谈、现场观察等 （2）分析人员必须与有关人员保持跟踪联系，以提醒管理人员和员工归还问卷和按时参加面谈 （3）在获取得了工作分析信息后，分析人员应该进行仔细审阅，分析其是否完整 （4）如果有必要，分析人员可以安排进一步面谈，以获取澄清某些问题所需要的补充信息
准备工作说明书	（1）在获取了所需要的信息资料后，首先应该对其进行分类和筛选，然后用来起草工作说明书 （2）起草工作说明书一般由人力资源管理部门负责，在完成第一稿后，应该分发给有关的经理和员工进行审阅，根据审阅意见，再进行必要的修改，直到形成最终的工作说明书
保持和更新工作说明书	在形成了正式的工作说明书后，企业还必须建立一套制度来使其根据新情况不断得以反馈、更新；否则，整个工作分析过程就可能每隔几年重复一次。企业是不断演化的动态实体，组织在多年内始终保持不变的情况罕见。所以，这个反馈和自动变迁机制是极其必要的

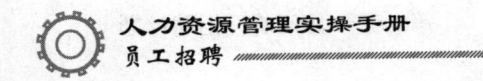

四、工作分析的主要方法

要进行完整的工作分析，必须收集足够的有关工作的信息。获取这些信息的方法很多，常用的工作分析方法如图 2-7 所示。

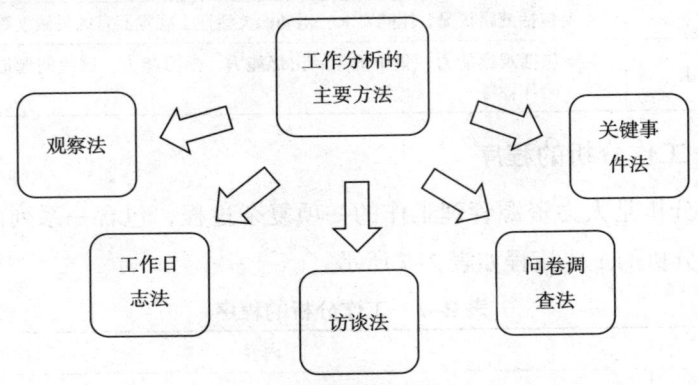

图 2-7 工作分析的主要方法

1. 观察法

观察法是通过对特定对象的观察，把有关工作的内容、原因、方法、程序、目的等信息记录并收集的一种方法。该方法适用于大量标准化的、周期短的、以体力活动为主的工作。观察法的优点是工作分析人员能够比较全面和深入地了解工作要求。其缺点是不适用于脑力劳动为主的活动和处理紧急情况的间歇性工作，而且不易得到有关任职者要求的信息。

2. 工作日志法

工作日志法，又称现场工作日记法，是在主管人员的领导下由员工自行采取的一种职务分析方法。它要求员工在每天的工作过程（时间允许的情况下）中记下工作的各种细节，凭此来了解员工实际工作的内容、责任、权利、人际关系及工作负荷。

3. 访谈法

访谈法也称面谈法，是通过工作分析者和工作执行者面对面地谈话来收集信息资料的方法。企业采用面谈法时，应使面谈者的总体构成具有代表性，并注意选择参加面谈的工作执行人员。另外，要提前准备好面谈（问题）提纲。面谈法的优点是能够迅速而简单地收集工作分析资料，适用面广，由任职者亲口讲出工作内容，具体而相对准确。缺点是员工容易把工作分析当成绩效考核，夸大其承担的责任和工作难度，会造成工作分析信息的失真和扭曲。因此，面谈法不能作为工作分析信息收集的唯一方法，而应与其他方法结合使用。

4. 问卷调查法

问卷调查法是通过结构化的问卷来收集信息的一种方法。通过在岗人员填写工作信息调查表来获取有关工作的信息，是一种快速而有效的方法，其使用范围较广。问卷调查表一般包括基本资料（员工基本信息）、工作时间要求、工作内容、工作责任、任职者所需知识技能、工作的劳动强度和工作环境。问卷调查表的调查问题可以根据工作分析的目的加以调整，内容可繁可简。

问卷调查法的优缺点如图2-8所示。

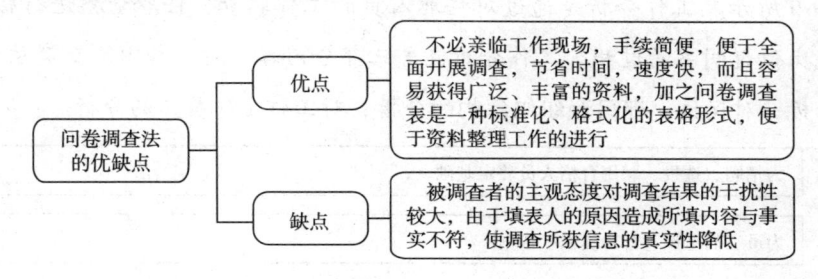

问卷调查法的优缺点		
	优点	不必亲临工作现场，手续简便，便于全面开展调查，节省时间，速度快，而且容易获得广泛、丰富的资料，加之问卷调查表是一种标准化、格式化的表格形式，便于资料整理工作的进行
	缺点	被调查者的主观态度对调查结果的干扰性较大，由于填表人的原因造成所填内容与事实不符，使调查所获信息的真实性降低

图2-8 问卷调查法的优缺点

5. 关键事件法

关键事件法是认定员工与职务有关的行为，并选择其中最重要、最关键的部分来评定其结果。在工作分析信息的收集过程中，往往会遇到这样的问题：工作者有时并不十分清楚本工作的职责、所需能力等。此时，工作分析人员可以采用关键事件法。具体的做法是，分析人员可以向工作者询问一些问题，比如"请问在过去的一年中，您在工作中所遇到的比较重要的事件是怎样的；您认为解决这些事件的最正确的行为是什么，最不恰当的行为是什么；您认为要解决这些事件应该具备哪些素质"等。

这里需注意的是，工作分析人员在进行工作分析时往往需要采用多种方法，以克服单一方法所带来的误差。

案例 2-1　挑选项目总监简历，应该重点关注哪些方面？

某公司主要从事门户网站项目建设，公司项目部共计 50 人，其中，项目经理 5 人、技术人员 45 人。项目部工作任务重、难度大，缺乏有效的管理，公司急需 1 名项目总监，负责整个部门管理和日常工作计划。招聘人员从众多应聘者中挑选了 10 份简历推荐给技术部副总，技术部副总一直没有安排面试。人力资源部经理和技术部副总沟通招聘后续安排。技术部副总表示，之前递交的简历，专业技术不错，但是并不符合工作岗位要求，且项目管理经验不足。技术部副总把全部简历分析了一遍，人力资源部经理终于明白了项目总监的要求。

请问：挑选项目总监简历，应该重点关注哪些方面？

【解析】招聘前先进行工作分析，工作分析是人力资源工作的基础，如图 2-9 所示。工作分析是通过对任职人员的工作职责、任职资格进行梳理，完成岗位说明书的过程。工作分析包含三部分内容：对工作内容及岗位需求的分析；对岗位、部门和组织结构的分析；对工作主体员工的分析。

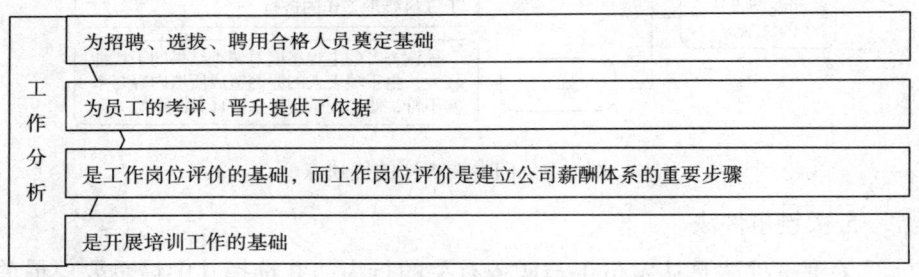

工作分析	为招聘、选拔、聘用合格人员奠定基础
	为员工的考评、晋升提供了依据
	是工作岗位评价的基础，而工作岗位评价是建立公司薪酬体系的重要步骤
	是开展培训工作的基础

图 2-9　工作分析是人力资源工作的基础

本案例中，由于招聘人员对项目总监的职责理解不清，挑选了 10 份简历，推荐给技术部副总，简历都没有通过。招聘人员在筛选项目总监简历时，应先明确岗位的定位，通过工作分析了解招聘岗位的职责、任职资格。

项目总监负责部门整体管理和日常工作计划。首先，项目总监是一个管理型岗位，重点评估候选人管理方面的素质和经验。包括团队管理能力、沟通能力、组织协调能力。其次，评估候选人的项目工作经验，包括在项目中承担的角色、项目的大小、项目人员的多少、项目周期等内容。最后，评估候选人的技术能力要求，主要是对简历中候选人员的行业经验、工作经历、专业资质、培训经历等方面进行评估。

第四节　制订招聘计划

一、招聘计划的内容

招聘计划是人力资源部门在综合分析用人部门用人需求的基础上，结合企业人力资源现状及未来人力资源规划情况，对一定时期内企业需要招聘的岗位、人数、质量等做出确定，并策划一系列具体的招聘活动。它是具体招聘工作的执行方案，也是指导企业在一定时期内招聘工作有效进行的纲领性文件。

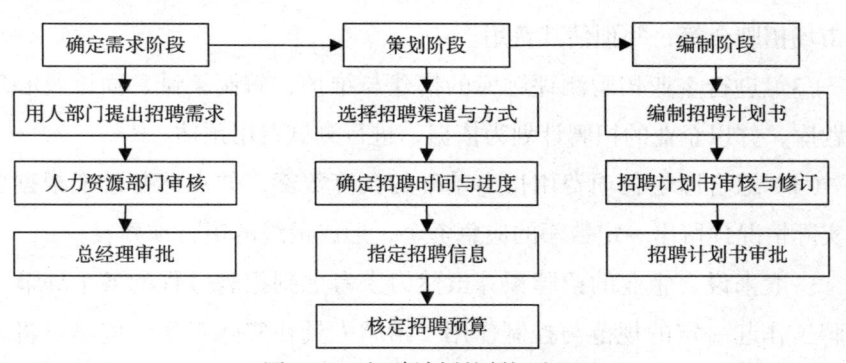

二、招聘计划的制订流程

招聘计划的制订流程如图 2-10 所示。

```
确定需求阶段 ──→ 策划阶段 ──→ 编制阶段
     │              │              │
用人部门提出招聘需求   选择招聘渠道与方式   编制招聘计划书
     │              │              │
人力资源部门审核     确定招聘时间与进度   招聘计划书审核与修订
     │              │              │
总经理审批         指定招聘信息       招聘计划书审批
                    │
                核定招聘预算
```

图 2-10　招聘计划的制订流程

三、招聘预算核定

招聘预算是企业招聘人员在招聘工作中对未来一系列招聘活动可能产生的各项费用进行预估，并向相关部门进行财务申请的过程。有效准确的招聘预算是招聘活动的物质前提，能够保证各项招聘活动的有序进行。

1. 招聘预算的内容

招聘预算可以分为内部费用与外部费用。内部费用即招聘人员的差旅费用，包括交通费、餐饮费、住宿费及其他费用等。一般情况下，招聘人员的工资、福利补贴及其他管理费用不包含在预算范围内。外部费用则包括渠道费用、宣传费用、测评费用及其他费用。具体内容如图2-11所示。

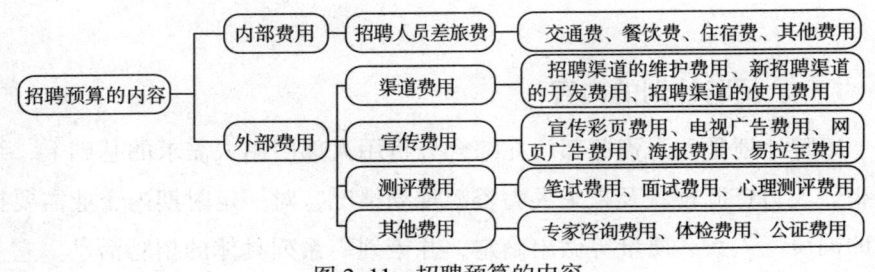

招聘预算的内容	类别	明细
	内部费用	招聘人员差旅费：交通费、餐饮费、住宿费、其他费用
	外部费用	渠道费用：招聘渠道的维护费用、新招聘渠道的开发费用、招聘渠道的使用费用
		宣传费用：宣传彩页费用、电视广告费用、网页广告费用、海报费用、易拉宝费用
		测评费用：笔试费用、面试费用、心理测评费用
		其他费用：专家咨询费用、体检费用、公证费用

图 2-11 招聘预算的内容

2. 招聘预算核定的实施步骤

（1）根据企业的年度招聘计划进行招聘渠道评估，选择一个或多个合适的招聘渠道，并对招聘渠道的基础费用进行预拟，形成初步的渠道招聘预算表。

（2）根据企业的招聘计划进行具体工作安排，如参加校园招聘会、人才市场招聘会等，并预估其费用。

（3）进行企业招聘测评题库的搭建与维护，编制笔试、面试及心理测评题库，并以企业的招聘计划为依据，进行测试费用预估。

（4）综合以上各项费用得出基础的预算数额，并在此基础上根据企业的实际情况预留出一定数额的应急资金，形成最终的招聘预算表。

一般来说，企业的招聘预算虽然力求考虑到招聘过程的各个环节，对招聘工作起一定的规范与控制作用（招聘人员在实际工作中应尽量将招聘费用控制在预算范围内），但是它也只是一个预估的数值。招聘人员不能因噎废食，一味地追求节省预算，而忽视招聘工作的质量，毕竟企业进行招聘的第一要义是为企业发展寻求优质匹配的人才。因此，招聘人员在招聘工作中要实事求是，随机应变，确保招聘工作的高质量进行。

3.提高招聘预算的准确率

(1)聘请外部人力资源专家对企业人力资源部的员工进行专业培训,提高招聘人员的专业素质,掌握必要的预算核定技术与方法。

(2)利用相关数据模型进行练习,在不断的学习与实践中提高招聘预算的准确率。

(3)采集以往的招聘工作预算信息,分析招聘预算是否精准,从中总结经验。

(4)及时跟进招聘活动的实施工作,对招聘过程中出现的问题及时了解与干预,调整不合理的预算,全力推动招聘预算的顺利执行。

(5)实行严格的奖罚制度,提高相关人员的招聘预算管理意识。

(6)与时俱进,时刻关注人力资源市场的变化,学习新知识、新方法,以便能够及时应对招聘预算执行过程中的突发事件,确保后续招聘预算的顺利执行。

4.招聘预算表

年度招聘预算表如表2-8所示。

表2-8　年度招聘预算表

编制人员		编制时间		
预算项目方向	预算项目名称	预算明细	预算费用	备注
招聘渠道预算	第三方招聘网站	中华英才网 ____ 元 智联招聘 ____ 元 BOOS直聘 ____ 元	____ 元	
	校园招聘	春季招聘 ____ 元 秋季招聘 ____ 元		
	现场招聘会	展位费用 ____ 元 装饰费用 ____ 元	____ 元	
	猎头公司	佣金 ____ 元/位	____ 元	仅限高管岗位
	内部推荐	内部员工推荐奖金 ____ 元/位	____ 元	
工具预算	宣传工具	宣传彩页 ____ 元 海报 ____ 元 易拉宝 ____ 元	____ 元	

续表

预算项目方向	预算项目名称	预算明细	预算费用	备注
工具预算	测试工具	笔试题 ____元 面试表单 ____元 签字笔 ____元 心理测评题 ____元	____元	
	辅助工具	录音录像设备 ____元 通信费 ____元	____元	
差旅预算	交通费用	____元		
	住宿费用	____元		
	餐饮费用	____元		
	其他费用	____元		
其他预算	专家咨询费用	____元		
	体检费用	____元		
	公证费用	____元		
预算总计	____元			
人力资源部审核意见	审核人签名：	日期：		
财务部审核意见	审核人签名：	日期：		
总经理审批意见	签名：	日期：		
说明：此招聘预算表以公司年度招聘计划为编制依据，并参考招聘计划的修订及时进行调整。预算成本为估计成本，不能将所有突发情况考虑在内，因此，实际招聘成本不必以此数据为准，但应尽量控制在预算范围内			

四、招聘计划书

下面以某科技公司2020年招聘计划书为例进行讲述。

（一）目的

本计划的制订是为了保证2020年公司招聘工作的有序进行，确保招聘任务的顺利完成。

（二）招聘原则

公司的招聘工作坚持公平性原则、匹配性原则、择优录取原则、经济性原则。

（三）招聘需求

年度招聘需求表如表 2-9 所示。

表 2-9　年度招聘需求表

部门	岗位	招聘人数	到岗时间	岗位职责/任职要求
技术部	软件工程师	2 人	2020 年 3 月 1 日	（具体内容参看各岗位说明书）
技术部	技术专员	5 人	2020 年 3 月 1 日	（具体内容参看各岗位说明书）
销售部	销售主管	1 人	2020 年 3 月 1 日	（具体内容参看各岗位说明书）
销售部	销售专员	8 人	2020 年 3 月 1 日	（具体内容参看各岗位说明书）
行政部	行政专员	2 人	2020 年 3 月 1 日	（具体内容参看各岗位说明书）
财务部	会计	1 人	2020 年 3 月 1 日	（具体内容参看各岗位说明书）
财务部	出纳	2 人	2020 年 3 月 1 日	（具体内容参看各岗位说明书）

（四）招聘小组成员及职责

招聘小组是公司招聘工作的直接参与者，由人力资源部门工作人员与其他用人部门负责人共同组成，具体人员名单与职责分工将在公司内部网站进行公示。

（五）招聘方式

以上各岗位均采取外部招聘的方式，拟在智联招聘、BOSS 直聘、前程无忧及本公司网站进行招聘。年初在网站上持续投放岗位招聘信息。

（六）招聘流程

1. 发布招聘信息

人力资源部门撰写完整的招聘信息，包括招聘岗位、人数、任职要求、薪酬待遇、联系方式等内容，在三大招聘网站及公司网站进行发布，并及时进行更新与维护。

2. 接收并初步筛选

接收应聘者投递的简历，并根据各岗位的任职要求对简历进行初步筛选，确定参加笔试与面试的人选。

3. 组织笔试与面试

人力资源部门组织简历合格者进行笔试和面试，笔试题从公司人才测评题库抽取，不同岗位笔试内容不同；笔试合格者才可进入下一轮面试；

应聘者的最终成绩是笔试成绩与面试成绩的总和，分数由高到低排列，择优录取。

4. 确定录用人选

人力资源部门对通过考核的应聘者进行背景调查，资料审核及体检通过者，即可发送录用通知书，通知合格者在规定时间内到公司报到。如有特殊情况不能按期报到，可提前申请，经批准后方可延迟报到时间。

（七）招聘预算

此次招聘工作主要通过招聘网站进行，公司外部费用支出项目包括网站服务费、网站宣传费、笔试试卷打印费；公司内部费用支出项目包括招聘小组的其他费用，预计共××元。

本计划由总经理审批，于2020年1月1日起执行。

最后，需要标明文件制作部门和制作时间。

案例2-2 中小型企业如何做好校招宣讲会？

许某在一家中小型企业任人力资源总监，公司已启动校招两年了。但每年校招结果都不尽如人意。原因是，学校对他们这样的中小企业并不是十分热情，其欢迎程度无法与知名企业相比。学校认为这样的企业到校招聘，对于学校与学生来说可有可无。

由于学校的不重视，学生的积极性较低，来参加宣讲会的同学也是寥寥无几。很多时候，企业方的宣讲还没结束，学生就走了一大半，使宣讲会黯然失色，尴尬收场。

请问：中小型企业如何做好校招宣讲会？

【解析】本案例的情况是很多中小企业在校招时遇到的问题，很典型，也很真实。但深入与其交流时，会发现他们的校招准备工作虽然做得充分，却没有与知名企业形成差异化。他们的资料主要包括如下内容：

（1）企业介绍。含企业成长史、老板创业史、企业文化、企业取得的社会成就、企业价值观、企业福利、企业美好前景。

（2）各种招聘岗位需求、学历要求、专业要求。

（3）各种测试题，专业性的、通用性的。

企业介绍做得再好，对老师与学生来说都是空洞的，无法吸引老师来帮你推荐，更不能引起学生的兴趣，如此宣讲会的效果会大打折扣。

如何解决这类问题呢？差异化、精准化、真诚的宣讲是唯一出路。有效的校招宣讲应做好以下五方面工作：

（1）在与老师交流及实际宣讲过程中，不要过多地突出企业的优势，因为中小企业与大企业相比，缺乏优势。

（2）重点分析当下国内经济走向与大学生就业形势，并指导学生如何进行自我分析，找出优点与需要进行修饰的部分。

（3）分析择业的重要性，除知名企业与成长型企业对人才的塑造不同之外，强调个人职业发展与企业发展趋势的关联点。

（4）分析本行业的发展现状与趋势，再自然过渡到自己企业在大学生培养方面的投入与重视度。

（5）如果是长期合作的学校，一定对往届校招并留在企业发展较好的师兄师姐进行录像，并请一位到现场现身说法，效果会超出你的想象。

第三章
如何选择招聘渠道

第一节　内部招聘

一、内部招聘的概念及原则

1. 内部招聘的概念

内部招聘是指从企业内部选拔出合适的人员补充到空缺或新增岗位上的活动。内部招聘的做法通常是企业在内部公开空缺职位，吸引员工来应聘。这种方法的作用就是使员工有一种公平合理、公开竞争的平等感觉，它会使员工更加努力奋斗，为自己的发展增加积极的因素。

2. 内部招聘的原则

企业进行内部招聘时，应遵循的原则如图 3-1 所示。

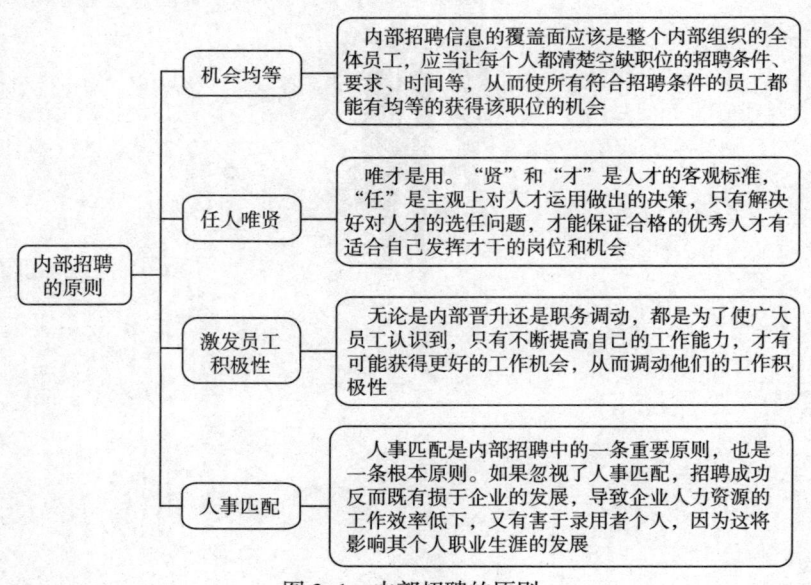

内部招聘的原则	说明
机会均等	内部招聘信息的覆盖面应该是整个内部组织的全体员工，应当让每个人都清楚空缺职位的招聘条件、要求、时间等，从而使所有符合招聘条件的员工都能有均等的获得该职位的机会
任人唯贤	唯才是用。"贤"和"才"是人才的客观标准，"任"是主观上对人才运用做出的决策，只有解决好对人才的选任问题，才能保证合格的优秀人才有适合自己发挥才干的岗位和机会
激发员工积极性	无论是内部晋升还是职务调动，都是为了使广大员工认识到，只有不断提高自己的工作能力，才有可能获得更好的工作机会，从而调动他们的工作积极性
人事匹配	人事匹配是内部招聘中的一条重要原则，也是一条根本原则。如果忽视了人事匹配，招聘成功反而既有损于企业的发展，导致企业人力资源的工作效率低下，又有害于录用者个人，因为这将影响其个人职业生涯的发展

图 3-1　内部招聘的原则

二、内部招聘的途径和方法

1. 内部招聘的途径

内部招聘的途径主要有内部晋升、工作调换、工作轮换、人员重聘，如表3-1所示。员工通过这些途径，在组织内部进行流动。从某种意义上讲，内部招聘也是企业员工职业生涯管理实现的重要途径。

表3-1 内部招聘的途径

渠道	内容
内部晋升	（1）内部晋升是一种用现有员工来填补高于其原级别职位空缺的政策 （2）内部晋升政策给员工提供更多的发展机会，从而使其对组织产生献身精神 （3）大多数员工在其职业生涯中主要考虑的是组织能够在多大程度上帮助自己实现个人的职业目标 因此，内部晋升制度在增加员工忠诚度及留住人才的措施中是处于中心地位的。许多员工对其有高度认同感的组织，都有综合性的内部晋升规划，而那些与富有献身精神的员工紧密联系在一起的组织有更完善的内部晋升政策
工作调换	（1）工作调换即平调，是在职务等级不发生变化的情况下，工作岗位发生变化 （2）工作调换是企业从内部获得人员的一种渠道，一般用于中层管理人员的招聘
工作轮换	与工作调换不同，工作轮换多用于一般员工的培养上，使有潜力的员工在各方面积累经验，为晋升做好准备，也可以减少员工因长期从事某项工作而带来的枯燥、无聊
人员重聘	（1）人员重聘也称返聘，是指组织将解雇、提前退休、已退休或失业的员工再召回组织工作 （2）重聘人员可能是由于某种客观原因（如组织机构变革或达到退休年龄）而不得不离开工作岗位，但是他们仍然具备劳动工作能力。他们对组织和工作已相当熟悉，有一定技能，所以无须过多的培训

2. 内部招聘的方法

内部人员招聘的方法主要包括员工推荐、档案法以及布告法等。如图3-2所示。

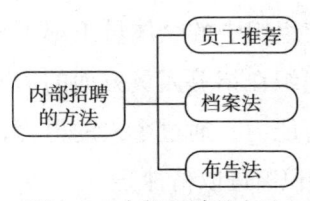

图3-2 内部招聘的方法

（1）员工推荐。员工推荐是目前较受欢迎的一种招聘方式。员工推荐可用于内部招聘，也可用于外部招聘。它是由本组织员工根据组织的需要

51

推荐其熟悉的合适人员，提交用人部门和人力资源部门进行选择与考核。由于推荐人对用人部门与被推荐者均比较了解，使得被推荐者更容易获得组织与职位的信息，便于其决策，也使组织更容易了解被推荐者，因而，这种方式较为有效，成功的概率也较大。

（2）档案法。企业人力资源部门可以从员工档案中了解员工的各种信息，帮助用人部门或人力资源部门寻找合适的人员补充空缺的职位。尤其是建立了人力资源管理信息系统的企业，则更为便捷、迅速，并可以在更大范围内进行挑选。

此方法只限于员工的客观或实际信息，如员工职位、教育程度、技能、教育培训经历、绩效等信息，而对主观的信息如人际技能、判断能力、正直等难以确认，且对很多工作而言，这些能力是非常重要的。档案法可以和布告法结合使用，招聘人员在浏览员工档案后，会与有条件的员工接触，一方面引起他们对招聘信息的注意，另一方面进一步了解他们是否想提出申请。

（3）布告法。布告法也称张榜法，是企业内部招聘常用的方法，尤其是对非管理层的职位而言。

布告法是在确定了空缺职位的性质、职责及其所要求的条件等信息后，将这些信息以布告的形式公布在组织中一切可利用的墙报、布告栏、内部报刊上，尽可能使全体员工都能获得信息，号召有才能、有志气的员工毛遂自荐。对此职务有志趣者即可到主管部门和人事部门申请。主管部门和人事部门经过公正、公开的考核择优录用。

该方法的目的在于使组织中的全体员工都了解哪些职位空缺，需要补充人员，使员工感觉到组织在招募人员方面的透明度与公平性，并认识到在本组织中，只要自己有能力，通过个人的努力，是有发展机遇的。这有利于提高员工士气，培养积极进取精神。

三、内部招聘的优缺点及适应性

1. 内部招聘的优点

内部招聘的优点如表3-2所示。

表 3-2　内部招聘的优点

项目	内容
招聘风险低，成功率高	候选人在企业中工作的时间越长，企业对其工作能力、业绩、人格特点、与组织的相容性等了解得就越深
产生激励效果、好榜样力量	（1）内部招聘制度尤其是提拔晋升能够给员工提供晋升机会，使组织的成长与员工的成长同步，容易鼓舞员工士气，形成积极进取、追求成功的气氛 （2）获得晋升的员工能为其他员工树立榜样，发挥带头作用
提高员工的忠诚度	获得聘用的内部员工本身就是在品德、能力和专业方面都比较优秀的员工，他们不仅把企业当作自己"事业的平台"，更重要的是把企业当作"命运的共同体"，因而对组织的忠诚度较高
成本低、效率高	（1）内部招聘既可以节约高昂费用，又可以省去一些不必要的培训，减少了间接损失，而且人才离职、流失的可能性小 （2）现有的员工更容易接受领导和管理，易于沟通与协调，消除人际摩擦，易于发挥组织效能
适应性强	现有的员工更了解和熟悉本组织的运作模式、业务流程、人际关系等，与外部招聘的新员工相比，定位过程更短，能更好地适应新工作

2. 内部招聘的缺点

内部招聘的缺点如表 3-3 所示。

表 3-3　内部招聘的缺点

项目	内容
易造成"近亲繁殖"	内部员工在推荐人选时往往推荐与自己关系密切的人，时间长了，员工中会出现一些小团体和裙带关系，这不仅使所选拔的人不能胜任实际工作，还会助长组织内拉帮结派、各自为政的不良倾向。这会给组织的管理带来很大困难，从而不利于文化的融合和工作的开展
易产生内部争斗	（1）员工会被几个部门竞争，也会倾向于到他所在的部门。由于部门职位之间待遇上的差别，员工会选择薪资高的职位。因此，内部招聘可能会带来不稳定因素 （2）应聘者通常认为自己已经具备了担任该职务的能力，在这种情况下，一旦落选，难免会产生挫折感和失落感，进而降低工作积极性并产生疏远组织的情绪
缺乏创新	（1）内部招聘使人员流动仅发生在组织内部，容易形成组织自我封闭的局面 （2）组织长期雇用同一员工在同一群体工作，可能形成思维定式和行为定式，出现员工墨守成规、跳不出以前工作模式的圈子的情况，创新的意见易被习惯性的做法所压抑，使组织缺乏应有的活力，而不断创新则是组织生存与发展必不可少的因素
选择范围有限	（1）从内部招聘的人可能只是组织中最合适的人，却不一定是最适合职位的人 （2）在组织中存在较多的主管空缺职位，而组织内部的主管人才储备只是在量上能满足需要，在质上却不符合职务要求，如果仍然坚持从内部招聘，将会使组织失去得到一流人才的机会，又会使不称职的人占据主管职位，这对组织活动的正常进行以及组织的发展是极为不利的

3. 内部招聘的适应性

内部招聘的适应性如表3-4所示。

表3-4　内部招聘的适应性

项目	内容
内部人力资源储备雄厚	（1）企业可以通过内部平调或职位升迁等办法解决职位空缺的问题 （2）随着人才市场竞争的日趋激烈，许多大型企业都设立了自己的人才储备库，一旦职位出现空缺，就有足够的人才迅速填补空缺职位，从而尽量减少不必要的损失
选拔重要的管理人员	（1）这适用于企业内部重要管理人才的选拔 （2）企业对重要管理人才的选拔，大多通过企业内部招聘的方式解决
对内部人力资源进行合理调整	（1）适用于企业内部重要管理人才的选拔 （2）企业对重要管理人才的选拔，大多通过企业内部招聘的方式解决。这样做的好处是：企业内部人员比较熟悉企业经营战略和企业文化，能够迅速适应岗位的需求，从而降低风险；内部招聘也可以加强组织内部成员的积极性、主动性和创造性，使企业内部形成一种良好的竞争氛围
适合企业自身需要	如果企业内部的人才比较富裕，而且能力能够达到企业发展的要求，那么利用内部招聘的方式则比较理想

案例3-1　公司内部组织品质总监竞聘，该如何设计竞聘流程？

杭州某生产制造型企业，近期因品质管理不当出现很多问题，被客户多次投诉。具体原因如下：

（1）产品多次返工，不能按时交货，生产计划无法保障。

（2）ISO 9000外部审核，不合格项目多。

（3）部分品管部门员工流失严重，人员一直无法到岗。

公司总经理忙于应付客户的各种投诉，解决生产品质问题，无法拓展公司业务。经过公司管理层会议，大家讨论组织内部竞聘，从生产部、品质部、工程部、采购部、研发部10名中层管理人员中，竞聘产生1名品质总监。

请结合本案例分析，公司内部组织品质总监竞聘该如何设计竞聘流程？

【解析】内部竞聘，是企业内部招聘的一种模式。主要是企业针对特定岗位，在备选人员中进行统一评选，优选符合岗位要求人员的一种方式。需要注意的是，在挑选候选人时，候选人与目标岗位要有一定的关联性。内部竞聘除了针对空缺岗位进行内部人才选拔，还可以用于企业新增岗位的人员内部招聘。通过内部竞聘的方式，有利于公司人才梯队建设。

本案例中，品质总监的候选人主要从与品质管理相关的部门进行人员评选，其中，生产部、品质部、工程部这三个部门是优选部门。公司内部组织品质总监竞聘，竞聘流程主要包括以下步骤：

（1）确定品质总监的主要岗位职责，确定候选人员的任职资格要求。

（2）发布内部竞聘计划，组织竞聘人员提交材料，包括：个人信息表、竞聘报告。

（3）结合员工的申报资料，初步筛选符合要求的人员。

（4）组织高管人员对候选人员进行综合评价。

（5）综合评估，确定竞聘岗位的最终优胜人选。

此外，还要考虑品质总监岗位的管理要求，即要注意候选人员管理能力方面的要求，即团队管理能力、沟通能力、问题分析能力、协调能力等与岗位的匹配性。

【答疑解惑】

问1：如何在内部公开选拔人才？

【解答】组织员工内部选拔是一种有效的招聘方式。对于国内企业而言，当出现职位空缺时，人力资源部根据内部优先的原则，可以帮助公司找到高质量、适合公司文化的人才。

（1）当公司内部有符合空缺职位要求的员工时，人力资源部门通过公告栏、广播、内部网络等渠道向员工发布内部竞聘公告。

（2）内部员工可根据竞聘公告所列的职责和任职要求，向人力资源部门推荐候选人或自己报名参加竞聘。报名人员提供个人简历、身份证、学历证书及相关证件的复印件和原件，有推荐人的在简历上注明推荐人的姓名、部门和联系电话，由人力资源部门对简历进行筛选，并安排面试。

（3）内部推荐奖励。如果员工推荐的候选人被录用并通过试用期，人力资源部门将按规定给推荐人一定的奖励。奖励政策不适用于推荐人为被推荐人的直接或间接主管、人力资源部门的工作人员。

问 2：内部招聘的注意事项有哪些？

【解答】内部招聘是企业内部选拔人才的一种方式，相比于外部招聘，它有一些特殊的注意事项，如图3-3所示。

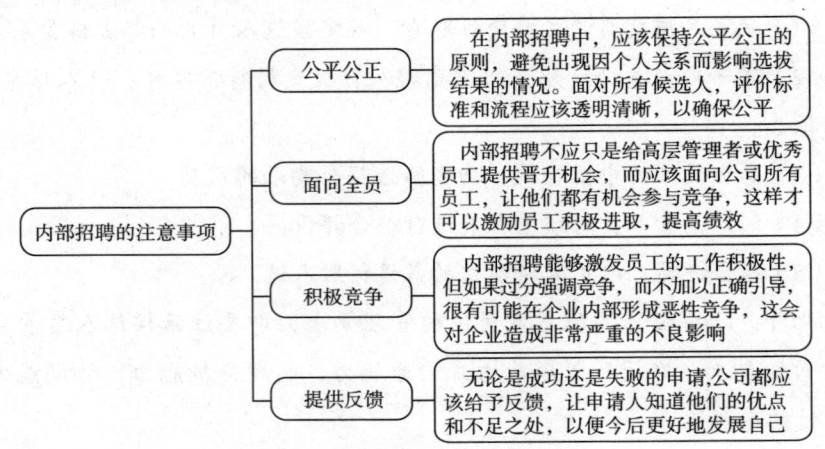

```
                    ┌── 公平公正 ── 在内部招聘中，应该保持公平公正的
                    │               原则，避免出现因个人关系而影响选拔
                    │               结果的情况。面对所有候选人，评价标
                    │               准和流程应该透明清晰，以确保公平
                    │
                    ├── 面向全员 ── 内部招聘不应只是给高层管理者或优秀
                    │               员工提供晋升机会，而应该面向公司所有
  内部招聘的注意事项 ─┤               员工，让他们都有机会参与竞争，这样才
                    │               可以激励员工积极进取，提高绩效
                    │
                    ├── 积极竞争 ── 内部招聘能够激发员工的工作积极性，
                    │               但如果过分强调竞争，而不加以正确引导，
                    │               很有可能在企业内部形成恶性竞争，这会
                    │               对企业造成非常严重的不良影响
                    │
                    └── 提供反馈 ── 无论是成功还是失败的申请，公司都应
                                    该给予反馈，让申请人知道他们的优点
                                    和不足之处，以便今后更好地发展自己
```

图 3-3　内部招聘的注意事项

第二节　外部招聘

一、外部招聘的概念及原则

1. 外部招聘的概念

外部招聘，是指企业通过外部途径进行人才招聘，根据一定的标准和程序，从企业外部的众多候选人中选拔符合空缺职位要求的人员。它是平衡企业人力资源短缺最常用的方法。当人力资源总量出现短缺时，采用此法最为有效，但最好在内部招聘之后使用。企业往往是在内部招聘不能满足企业需要，特别是企业处于初创期、快速成长期因产业结构调整而需要大批中高层技术或管理人员，或者想获得能够提供新思路的并具有不同背景的员工时，才将视线转向社会这一广阔的人力资源市场，选用外部招聘

渠道来吸引所需人员。

2. 外部招聘的原则

企业进行外部招聘时，应遵循的原则如表3-5所示。

表3-5 外部招聘的原则

项目	内容
适用原则	（1）招聘人员应熟悉所招聘职位的工作性质、工作职责、能力要求等情况，并根据这些具体条件，认真选择合适的工作人选，使所招聘的人员真正适合并胜任这项工作 （2）组织在招聘中对应聘者的期望过高，录用了能力超出职位要求很高的优秀人才，虽然在短期内会使组织获益，但结果却是这些人才很快感到这个职位并不能够提供其个人发展空间，而期望在该组织外部寻求更好的发展机会，从而出现人员流动速度过快、频率过高的情况，这无疑会增加企业招聘的工作量和工作难度
公正和公平原则	（1）外部招聘的对象是招聘信息的接收者，面对众多应聘者，公平是重要的原则 （2）企业应该给每一位应聘者平等展示自己的机会，实现公平竞争，使真正有能力的候选人不会因为一些外界人为因素的影响而失去获得该职位的机会
真实、客观原则	（1）组织在进行外部招聘的过程中，面对的是对本组织并不熟悉的外部应聘者 （2）招聘人员在招聘时，要真实、客观地向应聘者介绍组织的情况 （3）向应聘者介绍有关组织好的一面，也介绍可能存在的问题，就会使应聘者对工作产生一种真实的想法，从而在实际工作中产生满足感，这样会降低人员流动率
沟通与服务原则	（1）外部招聘是组织与外部的互动过程。通过信息的双向流动，组织在获取应聘者个人信息的同时，也向应聘者传递了组织的相关信息，实现组织内部与外部的双向沟通 （2）招聘过程也是招聘人员向应聘者提供咨询服务的过程，招聘人员向外界传递的相关信息，直接关系到该组织的形象

二、外部招聘的方法

外部招聘的方法如图3-4所示。

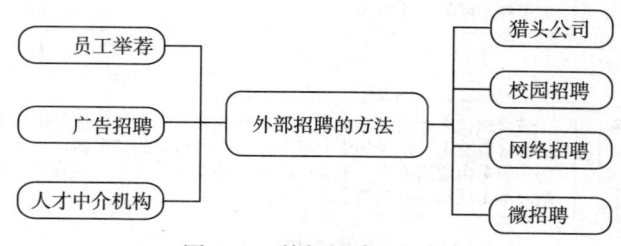

图3-4 外部招聘的方法

1. 员工举荐

（1）员工举荐是一种组织内部员工举荐新员工的招聘方法。

（2）员工举荐是建立在组织员工对空缺职位说明以及被推荐人均有深入了解的基础上。

（3）员工对组织的情况较为熟悉，就会了解组织需要什么样的人才，什么样的人才更适合在组织中担任该职位。

（4）员工对被推荐人的情况了解得也比较全面，在推荐时就很有把握。

这里需要指出的是，向组织举荐新员工并不局限于组织现有的内部人员。组织的关系单位、上级部门、所在地区或同行业协会都可作为举荐人。

员工举荐有利于节约人才招聘成本，有利于保证举荐人才的质量。这是因为，举荐者出于维护企业利益、对企业负责以及个人收益方面的考虑，会根据组织的要求和候选人的条件，在自己心目中进行多次筛选。

2. 广告招聘

广告招聘是指通过广播、报纸、杂志、电视等新闻媒体面向社会大众传播招聘信息，通过详细的工作介绍和资格限制吸引潜在的应聘者。广告招聘对任何职务都适用，它是现代社会普遍使用的一种招聘方式。

3. 人才中介机构

人才中介机构是指那些为用人单位寻找合适的职位候选人，也为求职者寻找工作机会的服务性机构。人才中介机构的具体形式有两种，如图3-5所示。

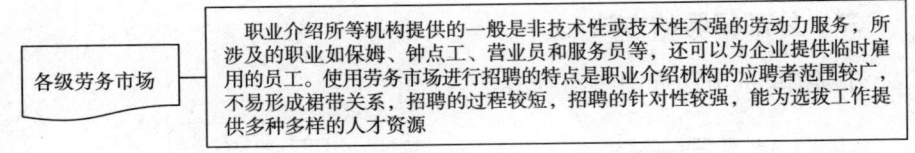

各级劳务市场	职业介绍所等机构提供的一般是非技术性或技术性不强的劳动力服务，所涉及的职业如保姆、钟点工、营业员和服务员等，还可以为企业提供临时雇用的员工。使用劳务市场进行招聘的特点是职业介绍机构的应聘者范围较广，不易形成裙带关系，招聘的过程较短，招聘的针对性较强，能为选拔工作提供多种多样的人才资源
各级人才市场	随着现代人才需求量的增加，各种人才市场越来越成为供职者和求职者满足各自需要不可缺少的中间环节。就我国目前的情况而言，人才和劳动力市场一般是由政府人事、劳动部门主办的事业性服务机构管理，人才市场还定期或不定期地举办招聘会，或举办专门的人才专场

图3-5 人才中介机构的具体形式

4. 猎头公司

猎头公司是专门为企业寻找高级人才或特殊人才的第三方中介公司，是适应组织对高层次人才的需求和高级人才对满意职位的渴望而发展起来的。

猎头公司的优点主要体现在：招聘高级人才方面更加专业；有丰富的人才储备；搜寻人才的速度快、质量高。其缺点是费用高。因此，如果企业需要招聘高级人才，且招聘预算较为充足的话，可以通过猎头公司进行招聘。

5. 校园招聘

校园招聘是指企业通过举办或参加高校招聘会，从学校招聘企业所需要的各专业、各层次应届毕业生的招聘方式。面向校园招聘正式或临时人员是非常普遍的一种方式，也是很多现代企业近年来所采用的招聘渠道。

每年我国都有大量的应届毕业生通过校园招聘的方式走向工作岗位。学校的毕业生工作有活力、有朝气、可塑性强。常见的校园招聘方式有专场招聘会、毕业季招聘会、校园宣讲、设立奖学金、联合办学及招募实习生等。

6. 网络招聘

网络招聘，又称在线招聘，是近年来随着计算机与通信技术的发展和劳动力市场的发展需要而出现的一种招聘、求职方法。它是通过在互联网上发布招聘信息，征集应聘者，在网上对应聘者进行筛选、评估、测试等，并经过必要的面试，最终确定组织的招聘对象。由于这种招聘方式信息传播范围广、速度快、成本低，供需双方选择余地大，且不受时间、地域限制，因而被广泛采用。

现阶段，国内网络招聘还存在一定的风险，即难以确保企业或个人信息的真实性。因此，企业在利用网络渠道招聘时，应该注意甄别信息，避免招聘风险。

7. 微招聘

随着现代技术的发展，企业招聘方式发生了新的变化。近年来，随着微博、微信以及各种社交App的广泛应用，一些企业开始尝试运用现代化的网络工具进行员工招聘。在微博、微信上进行招聘和求职已经成为企业和求职者的自发需求，"微招聘"应运而生。比如，华为公司就专门设计了招聘微信公众号，计划应聘华为公司的求职者可以通过微信搜索华为招聘公众号，扫描进入招聘主页、浏览公司招聘信息，并在线提交求职信息。

微招聘根植于社交平台，通过数据挖掘，对企业和个人求职者进行精准匹配。对求职者而言，微招聘会主动将求职者的求职信息推送给符合条件的用人单位，做到精准、定向推送，形成企业和人才的真正互动。对企业而言，可以足不出户获得精准化的求职者信息，既提高了招聘效率，又宣传了企业品牌。

三、外部招聘的优缺点及适应性

1. 外部招聘的优点

外部招聘作为企业进行人员招聘的重要途径和手段，它的具体招聘方式各有利弊，其共同的优点概括起来如表3-6所示。

表3-6 外部招聘的优点

项目	内容
选择范围广、余地大	组织外部空间是广阔的人力资源市场，面向外部招聘可以有更为广泛的选择范围和更大的选择余地，有利于组织通过考核与评价，在众多候选人中发现最优秀、最适合本组织发展目标的人选
为组织注入新鲜血液	（1）通过外部招聘录用组织以外的成员，可以为组织引进新生力量，注入新的活力 （2）组织内部的员工由于长期在固定的环境中工作，难免会产生厌倦感和乏味感，组织内部新鲜血液的注入会带给组织新的生机，对原有员工也能起到一定的激励和促进作用
更容易避免偏见，易于管理	在对从企业外部招聘的员工进行管理时，与内部招聘的员工相比，更容易避免由于原有工作绩效和人际关系等因素带来的偏见，做到一视同仁、平等对待，从而减小管理上的难度
为组织带来新技术和新思想	外部招聘的员工从外界进入组织内部，必然将其在外部获取的新技术和新思想应用于新的工作环境，他们可能带来与组织原有的运作方式完全不同的新颖见解，从而拓宽组织决策者的视野和思路，为组织的技术创新和思想创新带来新的灵感
树立组织形象，扩大组织影响	外部招聘是很好的对外界进行宣传的机会，可以借助各种媒体和广大应聘者直接接触的机会，积极扩大组织在公众中的影响范围，抓住机会树立组织的良好形象

2. 外部招聘的缺点

外部招聘的缺点如表3-7所示。

表 3-7 外部招聘的缺点

项目	内容
招聘费用高，成本大	（1）外部招聘一般要借助各种广告媒体和宣传媒介，并且招聘工具的设计和制作通常需要由专业的部门和人员来完成 （2）为了能够在众多应聘者中选出合乎招聘条件的候选人，必须经过认真的资格审查和评定，并经过严格的能力测试。这些都增加了外部招聘的费用支出
可能影响原有员工的积极性	（1）从外部招募某个空缺职位的候选人，会使组织内部感到能胜任此职位的员工产生挫折感，从而失去工作积极性 （2）当外部招聘不能真正遵循公平、公正的原则，不能本着为组织招募人才的宗旨录用有真才实学的人时，组织内部员工就会产生不满和消极情绪
吸引、接触、评估有潜力的候选人较为困难	（1）组织在进行外部招聘时，面对的是大量陌生的应聘者，通过有限的资料、考核及测试对他们的才学、能力、潜力等做出全面评价，这种评价难免带有片面性 （2）任何一种外部招聘方法的信息覆盖面都是有限的，特别是大多数组织的外部招聘都有较严格的时间限制，优秀人才很难接触到有效的招聘信息
需要较长时间的培训和适应	从组织外部招聘的员工对组织的了解与认识一般仅限于从招聘广告和招聘人员那里获取的有限信息，对职位的了解也十分有限，因此需要对他们进行一段时间的培训，使其熟悉工作要求和组织情况

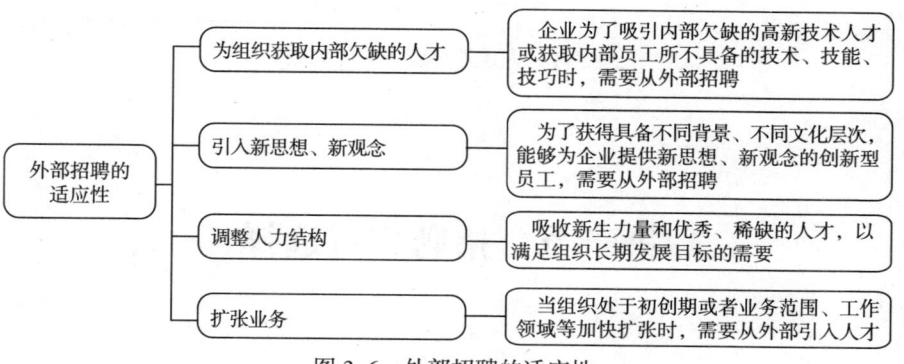

3. 外部招聘的适应性

外部招聘的适应性如图 3-6 所示。

外部招聘的适应性：
- 为组织获取内部欠缺的人才：企业为了吸引内部欠缺的高新技术人才或获取内部员工所不具备的技术、技能、技巧时，需要从外部招聘
- 引入新思想、新观念：为了获得具备不同背景、不同文化层次，能够为企业提供新思想、新观念的创新型员工，需要从外部招聘
- 调整人力结构：吸收新生力量和优秀、稀缺的人才，以满足组织长期发展目标的需要
- 扩张业务：当组织处于初创期或者业务范围、工作领域等加快扩张时，需要从外部引入人才

图 3-6 外部招聘的适应性

【答疑解惑】

问 1：传统媒体招聘有哪些优缺点？

【解答】传统媒体包括报纸、电视、广播、杂志等，传统媒体招聘的优缺点如图 3-7 所示。

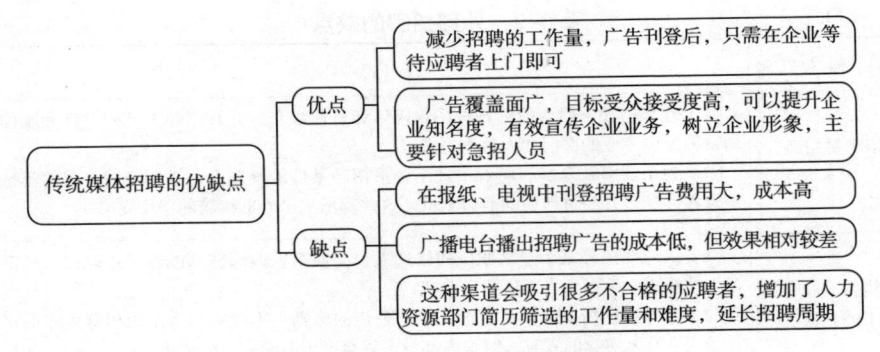

传统媒体招聘的优缺点
- 优点
  - 减少招聘的工作量，广告刊登后，只需在企业等待应聘者上门即可
  - 广告覆盖面广，目标受众接受度高，可以提升企业知名度，有效宣传企业业务，树立企业形象，主要针对急招人员
- 缺点
  - 在报纸、电视中刊登招聘广告费用大，成本高
  - 广播电台播出招聘广告的成本低，但效果相对较差
  - 这种渠道会吸引很多不合格的应聘者，增加了人力资源部门简历筛选的工作量和难度，延长招聘周期

图 3-7　传统媒体招聘的优缺点

问 2：人才外包服务有哪些优缺点？

【解答】人才外包服务的优缺点如图 3-8 所示。

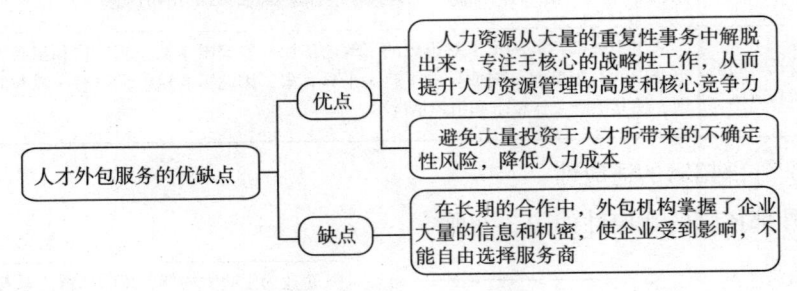

人才外包服务的优缺点
- 优点
  - 人力资源从大量的重复性事务中解脱出来，专注于核心的战略性工作，从而提升人力资源管理的高度和核心竞争力
  - 避免大量投资于人才所带来的不确定性风险，降低人力成本
- 缺点
  - 在长期的合作中，外包机构掌握了企业大量的信息和机密，使企业受到影响，不能自由选择服务商

图 3-8　人才外包服务的优缺点

第三节　招聘渠道选择

一、影响招聘渠道选择的因素

影响招聘渠道选择的因素如下：

（1）岗位需求。不同的职位有不同需求，有的需要高学历、高技能的人才，有的则只需要基本的职业素质。

（2）企业发展的不同阶段。企业在不同的发展阶段需要的人才不尽相同，因此，必须选择合适的招聘渠道。

（3）劳动力成本。不同的招聘渠道有不同的劳动力成本，如求职网站、招聘会、人才市场等。

（4）招聘效果。不同的招聘渠道能够吸引不同的求职者群体，影响招聘效果。

（5）招聘预算。企业需要根据预算来选择招聘渠道和方式，确保招聘投入回报率。

二、招聘渠道选择应遵循的原则

内部招聘与外部招聘各有优劣势，不可一概而论。企业选择招聘渠道时应遵循如下原则。

1. 高级管理人才的选拔应遵循内部招聘优先的原则

高级管理人才是一个企业中处于最高或较高的管理层级，具有与所在职位相适应的高素质，其较高的工作绩效对组织绩效起关键甚至决定性作用的人才。

现如今，人力资本已成为企业核心竞争力的重要组成部分。高级管理人才对于任何企业的发展都是不可或缺的，企业在高级管理人才的选拔过程中应当遵循内部招聘优先的原则。高级管理人才能够很好地为企业服务，一方面是依靠自身的专业技能、素质和经验；另一方面是对企业文化和价值观念的认同，愿意为企业贡献自己全部的能力和知识，而后者是无法在短期内实现的。

企业运作过程中，企业的高层管理团队和技术骨干都是以团队的方式进行工作、分工协作、密切配合的，而核心价值理念相同的人在一起工作更容易达成目标，如果观念存在较大差异，将直接影响合力的发挥。所以，企业高层必须对企业文化以及价值观非常熟悉和认同。而通过内部培养造就的人才，更能深刻理解和领会企业的核心价值观。因此，企业选拔高级管理人才时，应首先采用内部招聘方式。

2. 中层管理人员的招聘应遵循"内外兼顾"的原则

对中层管理人员的招聘，内部招聘和外部招聘都是行之有效的方法，可以采取"内外兼顾"的做法。在实践过程中并不存在标准答案，一般来说，对于需要保持相对稳定的组织，中层管理人员可能更多地从组织内部获得提升，而需要引入新的风格、新的竞争时，可以从外部引进合适的人员。

  3. 当外部环境发生剧烈变化时，企业应遵循内部选拔与外部招聘相结合的原则

  当外部环境发生剧烈变化时，企业会受到直接影响。如果行业的经济技术基础、竞争态势和整体游戏规则发生根本性变化，从企业外部、行业外部吸纳人才和寻找新的资源，则成为企业生存的必要条件之一。这不仅因为企业内部缺乏专业人才，同时时间也不允许坐等企业内部人才的培养成熟，因此，企业必须采取内部选拔与外部招聘相结合、内部培养与外部专业服务相结合的措施。

  4. 处于快速成长期的企业应遵循广开外部渠道的原则

  处于成长期的企业，由于发展速度较快，仅仅依靠内部选拔与培养无法跟上企业的发展步伐，因此需要大力开发外部渠道。同时由于企业人员规模的限制，选择余地相对较小，无法得到最佳人选。在这种情况下，企业应当采取更为灵活的措施，广开渠道，吸引和接纳需要的各类人才。

  5. 企业文化类型的变化决定选拔方式的原则

  企业若想维持现有的企业文化，不妨采取内部招聘的方式，因为内部员工在思想、核心价值观念、行为方式等方面对企业有更多认同，而外部人员要接受这些需要较长的时间，甚至可能存在风险。企业若想改善或重塑现有的企业文化，可以尝试外部招聘，新员工带来的新思想、新观念会对企业原有文化造成冲击，促进企业文化的变革和完善。

三、企业在不同发展阶段的招聘渠道选择

1. 初创期

  本阶段，企业通常需要快速地找到合适的人才来推进业务。因此，企业可以利用社交媒体、校园招聘和内部推荐等渠道来扩大招聘范围，同时

提高招聘效率。

2. 发展期

本阶段，企业已经开始有了一定规模，需要更广泛的招聘渠道来吸引各种不同类型的人才。同时，企业可以考虑使用招聘中介、专业网站和校园招聘等方式，以便更广泛地吸引各种不同类型的人才，帮助企业更好地满足自身的需求。

3. 成熟期

企业进入成熟期后，需要更加注重塑造品牌形象，吸引高品质人才加入。因此，企业可以采用高端校园招聘、社交媒体和专业招聘网站等方式，以帮助企业更加精准地挖掘自身的招聘需求，并吸引更高素质的人才加入。

4. 扩张期

本阶段，企业需要更加高效地寻找新的人才来源，并增大自身的招聘力度。因此，企业可以考虑使用人力资源咨询公司、社交媒体、职业招聘猎头和校园招聘等多种方式，以最大化地吸引更多的优秀人才。

案例3-2　如何选择适合所招聘岗位的人才？

某商贸公司是一家微小型企业，现在公司要招聘一名行政文员。这个岗位主要负责公司的接待咨询、收发文件、文件整理等基础性工作。企业当前的人力资源管理水平处于低级阶段，缺乏完整的、成体系的员工职位上的晋升和发展通道，所以，从事这个工作的人可能没有职业发展的机会。

众多应聘者中有一位是名校研究生，她对自己的职业发展有一个很好的规划，期望未来能有比较好的发展。另一位是普通大学的专科毕业生，以往的职业发展中有一段全职宝妈的经历。她对职业发展没有过多要求，只想找个地方安稳上班，条件是五险一金等福利齐全、工作有双休、每天能正常上下班、照顾孩子就可以。

请问：如果你是HR，如何在这两位应聘者中做选择？

【解析】如果不考虑企业的背景，一般人才选拔都应该选择优秀的人，因为优秀的人有主动工作的动机和动力，但本案例中，HR应当选普通大学专科毕业生，因为她比名校研究生更适合做这个相对没有发展前景的工作。这个岗位对求职者的要求就是稳当、踏实，而有职业规划、抱负远大的人才反而不适合这个岗位。

第四章
人员甄选很重要

第一节 认识人员甄选

一、什么是人员甄选

人员甄选指的是综合利用心理学、管理学和人才学等学科的理论、方法和技术，根据特定岗位的要求，对应聘者的综合素质进行系统的、客观的测量和评价，从而筛选出适合的应聘者的过程。人员甄选是人才招募之后的一个环节。其过程包含两个核心：测量与评价。测量是评价的基础，是依据事先设计好的规则对应聘者所具有的素质通过一些具体方法给出一个可比较的结果；评价是测量的延续，是对测量结果进行深入的分析、评价并给出定性和定量的结论供录用时参考。

二、人员甄选的作用

对人员的正确评价是招聘中最为关键的一个步骤，如果在甄选中做出错误的判断，不仅会导致招聘活动的失败，还会对组织的正常运作造成负面影响。人员甄选作用的具体表现如表4-1所示。

表4-1 人员甄选的作用

项目	内容
甄选的决策关系到组织绩效和战略目标的实现	（1）在组织环境中，相同的职位通常由能力不同的人来做 （2）具有巨大潜能的应聘者对组织来说是一种储备，会在组织的未来发展中发挥重要作用 （3）人员甄选工作的完成效果直接影响组织战略目标的实现
降低人员录用的风险，提高招聘效果	（1）人才甄选的过程是使用科学的方法对应聘者进行测评，了解其心理素质、个性特点、知识与技能、工作风格以及与工作相关的各方面素质，通过诊断分析，判断出该应聘者是否能够胜任工作 （2）应聘者的工作态度及其工作经验等也是需要评判和核实的重要内容 （3）测评之后，可以找到最适合岗位要求的人选，有效地避免将不符合任职资格的应聘者留用，或者将有胜任能力的人才拒之门外，从而降低招聘风险，提高招聘效率

续表

项目	内容
有利于录用后的合理安置和管理	（1）人员甄选可以大致了解应聘者各方面素质的差异，了解其优势与劣势，在具体安置岗位时有的放矢，真正做到用其所长，使个人的特点与特定的岗位要求结合起来，实现人岗匹配 （2）经过严格的甄选，降低了雇用不合格人员与工作团队不和谐的可能性，可以有效防止人员流失，甚至可以减少员工的培训投入，节省培训开支 （3）人员甄选有助于主管人员在今后的管理过程中根据员工的不同特点实施管理
发现应聘者的潜力，有利于人员开发目标的实现	组织可以通过有效的甄选过程，了解应聘者的潜能，预测其未来发展的可能性，从而为其制定职业发展规划，或为其提供适当的培训与提高的机会，为今后能充分发挥员工的工作潜力、形成良好的工作关系打下基础，有利于组织对人才结构进行有效的调整，并在组织与个人的发展方面实现共赢
在招聘的整个过程中体现出公平	（1）精心设计的甄选程序和测评工具，可以较为客观地评判应聘者，为组织内外的应聘者提供一个公平竞争的机会 （2）在一系列的笔试、面试以及其他相关的测试中，有定性和定量的比较，不仅使甄选变得容易，还能体现出甄选的公平性

三、招聘甄选的内容

招聘甄选的内容是鉴别应聘者的各项素质。在人力资源管理领域，人员素质是指个人在完成特定活动和特定任务时必须具备的基本条件和基本特点，是影响个人从事活动的自身因素，是个人固有的特点，对一个人的职业倾向、工作能力与潜力、工作成就和事业的发展起决定性作用。

1. 个性心理素质

个性是指某一事物区别于其他事物的特殊品质。人的个性心理是指人在心理、行为方面所表现出的不同于其他人的特点，也就是个体在其生理素质基础上，在长期生活实践中形成的有一定意识倾向性的稳定的心理特征总和。在人员甄选中，企业通过心理测验等方法，可以了解应聘者的内在能力、发展潜力、个性特点、动机等。近年来，人们对直接影响管理效能的个性特征日益重视，不断提出一些独特的能应用于管理实践的人格特征。

2. 知识与技能

（1）专业知识。专业知识测验是最早的甄选方法，也是笔试中最基础、最持久的项目。对特定岗位所要求的特定知识的测试，其内容因岗位的不同而不同，如对国家公务员的考核包括行政管理知识、国家方针政策、法律法规知识等，对管理人员要测试管理基本知识等。

（2）工作技能。能力可分为一般能力、特殊能力和专业能力。能力与技能有密切的关系。技能指的是通过练习而获得的有意识活动和心智活动方式。技能分类如图4-1所示。

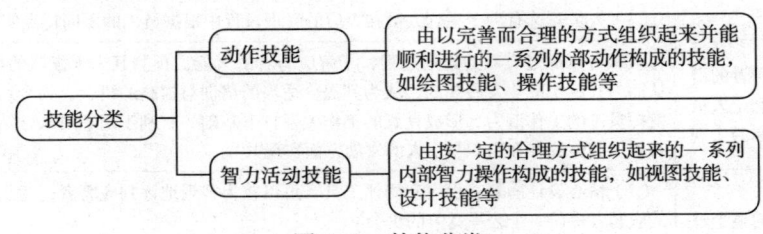

```
                    ┌─ 动作技能 ──── 由以完善而合理的方式组织起来并能
                    │                顺利进行的一系列外部动作构成的技能，
                    │                如绘图技能、操作技能等
        技能分类 ──┤
                    │
                    └─ 智力活动技能 ─ 由按一定的合理方式组织起来的一系列
                                      内部智力操作构成的技能，如视图技能、
                                      设计技能等
```

图4-1　技能分类

技能测试是对特定职位所要求的特定技能进行的测试，其内容也因岗位的不同而不同。例如，对会计人员需要考核珠算、做账等能力；对秘书则需要测试其打字、记录速度和公文起草能力；具有涉外业务的企业还对应聘者的外语能力进行测试。

技能测试有多种形式，可验证应聘者已获得的各种能力证书，如会计等级证书、计算机能力合格证书、外语等级证书等，这些证书是对应聘者能力的证明。对于不同的职位技能，其考查鉴别的方式是不同的，必须有该领域的专业人士参与，并参照该行业内的标准进行规范化测试。

3. 工作经验

企业往往希望招聘到具有一定工作经验、录用后能立即开展工作的人员，但有些人的经历与本组织的岗位要求并不一致，如果遇到这样的应聘者，企业就要对其具备的工作经验进行考查分析，为最后的录用决策提供依据。有的企业也会招聘一些工作经验不足的人员，例如从大学中招聘应届毕业生。

4. 能力素质

能力是顺利完成某种活动所必须具备的心理特征。它是先天遗传因素与后天学习及实践相结合而逐渐形成发展起来的。人的一般能力分为思维力、记忆力、想象力和观察力，它们是人们所共同具有的，但每个人的强弱程度不一样，有的人观察力强，有的人想象力强，因而职位选择要根据自己的优势能力，才能更好地胜任工作。仅靠一般能力难以保证某项任务顺利完成，还需要一些特殊能力。例如企业管理人员必须具备决策能力、管理能力、应变能力、交际能力等。有些职位特别注重某一方面的能力，企业应该根据岗位要求选择具有合适能力的人才，这样才能保证工作任务的出色完成。许多能力是通过后天学习或实践发展起来的，如适应能力、沟通能力、激励能力等。

5. 身体素质

现代职场竞争日益激烈，来自工作等各方面的压力不断增大，为了得到较高的报酬，人们必须全力以赴。相当多的工作岗位，不仅需要丰富的专业知识和工作经验，还需要拥有一个健康的身体，这已经成为职业人员成功的重要因素。

心理学家经过长期研究发现，大部分职业至少要保证三种基本的身体素质，如图4-2所示。但不同岗位对身体素质的要求也不同，具体的职位要求要根据实际情况来制定。例如销售人员，除了要具备一定的销售知识和技能，还要能够经常到各地出差，这就要求拥有健康的身体，并保证在商务谈判时精力充沛；对管理者的身体素质在健康状况和年龄方面也有一定的要求。管理者应当年富力强，身体健康，精力充沛。所谓身体健康，不能只理解为体魄健壮、体力充沛，还包括精力旺盛、思维敏捷、记忆良好。

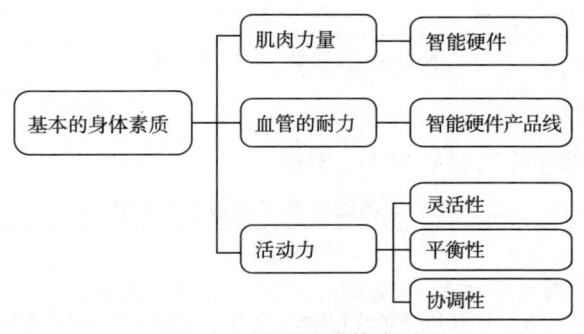

图4-2 基本的身体素质

四、人员甄选的流程

通过前一阶段的招募活动，人力资源部门获取了大量的应聘信息，其中绝大部分应聘者不符合职位的需要，因此，要进行一步步的甄选，最后选到组织需要的人员。合理的甄选一般按照以下四个阶段实施，如图4-3所示。

```
筹备阶段 ── 明确甄选目的
           组建考官团队

策划阶段 ── 确定甄选指标体系
           选择测评方法组合
           设计甄选实施方案
           开发试测甄选试题
           培训考官团队

实施阶段 ── 进行测评说明
           测评实施 ── 初步甄选
                      面试
                      评价中心
                      其他

评估阶段 ── 评分与撰写报告
```

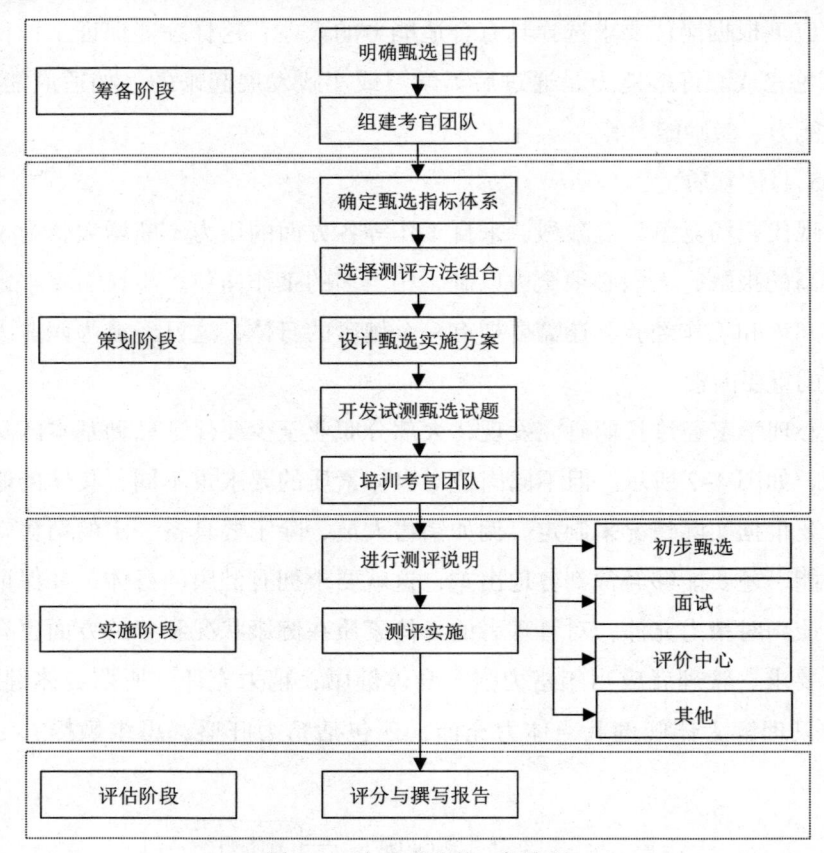

图4-3 人员甄选的一般流程

1. 筹备阶段

筹备阶段的工作内容如表4-2所示。

表4-2 人员甄选筹备阶段的工作内容

项目	内容
明确甄选目的	甄选目的指的是明确为什么进行甄选和甄选结果的用途。由于甄选除招聘使用外，在人力资源管理的其他方面也有用到，因此，明确招聘甄选的目的是区分应聘者是否与招聘岗位匹配，而非选择最优者，这就可以规避人才高消费的倾向

续表

项目	内容
组建考官团队	考官团队一般基于招聘团队，但不局限在招聘团队，其组成人员既要熟悉岗位的工作内容，又要有很好的评价能力。通常，考官团队是由组织的高层领导、人力资源管理部门、用人部门人员共同组成的，有时还包括外部的人力资源专家或测评专家

2. 策划阶段

（1）确定甄选指标体系。甄选指标体系，也称测评指标体系，是选拔人员时的依据，是完成职位工作的客观、统一的条件。甄选指标体系通常包括知识背景、能力素质等。如果组织已经有完备的工作说明书或岗位胜任力模型，那么这些材料对确定甄选指标体系是很好的参考。

（2）选择测评方法组合。对于不同的岗位，应该选择适当的测评方法。比如，对于技术岗位，专业相关的知识测试是必不可少的；而对于管理岗位，管理能力的测试可以采用评价中心的方法。同时，使用什么样的测评方法还要看甄选项目的预算和实施条件等因素。

（3）设计甄选实施方案。甄选实施方案设计指的是根据甄选目的、结合甄选岗位、基于应聘者的人数等相关内容确定整个甄选实施的过程。一般要遵循四个原则，如图4-4所示。这里的效果最好并不是说方案一定是最全面完整的，而是指采集的信息能够有效评价岗位匹配性。

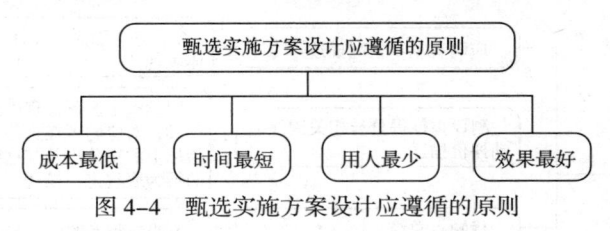

```
           甄选实施方案设计应遵循的原则
          ┌────┬────┬────┬────┐
        成本最低 时间最短 用人最少 效果最好
```

图4-4　甄选实施方案设计应遵循的原则

（4）开发试测甄选试题。这是策划阶段的核心工作，无论是知识测试、面试还是情景测评，都需要针对不同的岗位要求进行专门策划，这样才能保证测评试题的有效性。

（5）培训考官团队。在考官团队中，由于其知识和素质有一定的差异性，同时每次招聘的甄选指标与具体方案各不相同，选用的甄选方法也不一样，且都具有不同的实施技巧，所以，企业必须对考官进行培训，使他们了解并掌握各种方法和相关的知识，尽量避免个人因素对甄选的干扰。

3. 实施阶段

实施阶段是对应聘者进行测评并获得个体相关信息的过程，是整个甄选的核心。

（1）进行测评说明。由人力资源管理人员向应聘者宣读指导语，说明测评的内容、流程和注意事项，消除他们的戒备心理，使之认真地参与到测评中，有利于他们的正常发挥和考官的客观评价。

（2）测评实施。这是甄选具体进行的过程，在此过程中，按照甄选最初设计的方案有步骤地进行。通常，这个阶段包括甄选简历、知识测验、心理测验、面试、评价中心和背景调查等。企业在此阶段能够获得大量的个人综合信息，这些信息是最后录用决策的参考依据。

4. 评估阶段

评估阶段的工作是统计实施阶段所获得的信息资料，并通过定性与定量的分析形成甄选报告，从而提出甄选结论。信息包括两种：数字性的和文字描述性的。数字是定量的信息，文字描述是定性的信息。两种信息要结合起来看，参考最初设定的标准，对所有应聘者进行比较，最终得到甄选的报告与结论。

招聘甄选的评价报告没有固定格式，主要内容如图 4-5 所示。

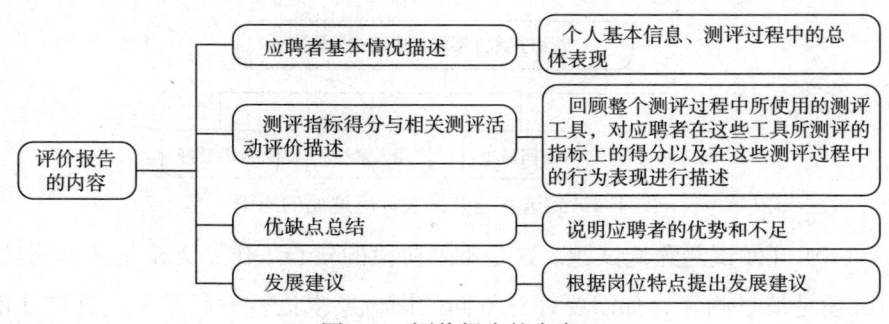

评价报告的内容	说明
应聘者基本情况描述	个人基本信息、测评过程中的总体表现
测评指标得分与相关测评活动评价描述	回顾整个测评过程中所使用的测评工具，对应聘者在这些工具所测评的指标上的得分以及在这些测评过程中的行为表现进行描述
优缺点总结	说明应聘者的优势和不足
发展建议	根据岗位特点提出发展建议

图 4-5　评价报告的内容

【答疑解惑】

问 1：如何应对积极主动的候选人？

【解答】有时候，HR 会在一段时间内重复收到同一位候选人应聘同一岗位的简历。有的 HR 很讨厌这类重复投简历的候选人，但是这种情况恰恰说明候选人很看重这个工作机会，或者很看重你所在的企业。

有时候，这类候选人还可能主动打电话过来询问。具备行动力的人最容易成事。越渴望得到某样东西，得到的过程越艰难，自己付出的努力越多，候选人就越珍惜。所以，对于这类候选人，HR不要有过多的偏见。

问2：企业在进行人才甄选过程中应该注意哪些问题？

【解答】企业在进行人才甄选过程中应该注意以下问题：

（1）明确招聘需求。在开始招聘前，企业需要明确招聘的职位和岗位职责，以及所需人员的工作能力和素质等要求。

（2）设计有效招聘流程。建立合理的招聘流程，包括招聘信息发布、简历筛选、面试环节、背景调查等内容。同时，需要确定每个环节的时间节点和责任人，以确保整个招聘流程的高效和公正。

（3）重视素质和能力。在招聘人才时，不仅要看重候选人的学历和工作经验，还要注重其素质和能力，如沟通能力、创新能力、领导力等。

（4）制定公正的面试标准。制定公正的面试标准，避免主观因素干扰招聘决策。可以采用多种面试方式，如模拟演练、案例分析、能力测试等，全面考察候选人的工作能力和素质。

（5）进行背景调查。在确定招聘对象后，进行彻底的背景调查，确认其教育和工作经历是否真实、是否有违法犯罪等不良记录，以确保雇用的人员符合公司要求和社会公德。

（6）了解市场薪酬水平。需要了解所招聘岗位在市场上的薪酬水平，以制定具有竞争力的薪酬策略，吸引并留住优秀人才。

总之，企业在招聘人才时，需要全面、客观地考察候选人的工作能力和素质，制定公正的招聘标准，同时关注市场薪酬水平等因素，以确保成功招聘到适合公司需求的优秀人才。

第二节 甄选指标体系设计

一、什么是甄选指标体系

甄选指标，又称测评指标，是能反映应聘者综合素质的一系列特定考查维度。全球著名的企业在进行人才甄选时均有明确的甄选指标。例如：

（1）甄选指标体系是由一群特定组合、彼此相关联的甄选指标组成的，并体现了各个指标之间内在的联系和在整个评价体系中的重要性。

（2）甄选指标体系为有效的甄选提供了统一的标尺，明确了根据工作岗位或任务要求来确定人才的素质范围、维度和程度。

（3）甄选指标体系的确立有利于统一考官的评价标准，也有利于对应聘者进行分析比较，有效地提高评价过程的客观化程度，提高评价结果的科学性和合理性。

二、甄选指标体系的构成

甄选指标体系由测评指标和测评权重组成。

1. 测评指标

测评指标一般包括测评要素和测评标准两方面内容。

（1）测评要素。测评要素是指每一项素质用规范化的行为特征进行描述与规定。整个测评要素包括两个层次，如图4-6所示。

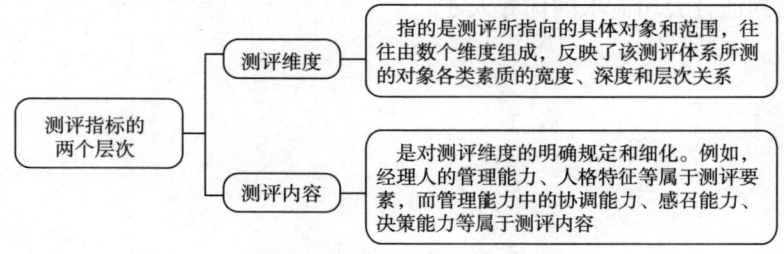

```
                    ┌─ 测评维度 ── 指的是测评所指向的具体对象和范围，往
测评指标的          │              往由数个维度组成，反映了该测评体系所测
两个层次 ──────────┤              的对象各类素质的宽度、深度和层次关系
                    │
                    └─ 测评内容 ── 是对测评维度的明确规定和细化。例如，
                                   经理人的管理能力、人格特征等属于测评要
                                   素，而管理能力中的协调能力、感召能力、
                                   决策能力等属于测评内容
```

图4-6　测评要素的两个层次

测评指标体系结构中的每一个素质结构成分（也叫一级指标）又由相应的测评亚指标（也叫二级指标）组成，甚至有时还有三级指标，如表4-3所示。

表4-3 测评要素范例

一级指标	二级指标	三级指标
管理能力	协调能力	语言表达能力 倾听能力 说明能力
	感召能力	……
	决策能力	……
	……	……

（2）测评标准。测评标准指的是测评内在规定性，使各项测评要素层层分解并推向可操作化，是一个测量精度的概念，如影响能力中的赢得支持的程度等。测评标准也就是对测评结果进行评判的方式。

测评标准包括测评标志和测评标度两部分。

①测评标志，指的是每个测评要素确立的关键性描述特征或界定特征，要求可分辨和易操作。通常一个测评要素由多个测评标准来说明。一般的表现形式有评语短句式、设问提示式、方向指示式三种。

评语短句式是指用对测评要素的简洁判断与评论的短句作为标志，如语言表达能力中的"用词不当情形"，可以设计成：没有用词不当情形；偶有用词不当情形；多次出现用词不当情形。

设问提示式是指以问题形式来提示考评者注意某个测评要素特征，如表4-4所示。

表4-4 设问提示式范例

测评内容	测评标志	测评标度		
协调能力	合作意识如何？	有	有时有	没有
	是否不固执己见？	是	有时是	不是
	能够主动化解冲突？	能	有时能	不能

方向指示式是指只规定测评标志，没有具体的尺度，如业务经验的测评标志是从应聘者的业务年限、熟悉程度、有无成功经验等方面测评。

77

②测评标度，是对素质行为特征或表现的范围、强度和频率的规定。一般的表现形式有量词式、等级式、数量式、数轴式、图表式、定义式、综合式等。

量词式标度是用一些带有程度差异的形容词、副词、名词等修饰的词组刻画与揭示有关考评标志状态、水平变化与分布的情形，如"多""较多""一般""较少"。

等级式标度是用一些等级顺序明确的字词、字母或数字揭示考评标志状态、水平变化的刻度形式，如"优""良""中""差"或"1""2""3""4""5"。等级之间的距离要适当，太大了，有可能犯"省略过度"的错误，考评结果太粗，区分度差；太小了，有可能使考评操作烦琐，判断过细，不好把握与操作。研究表明，等级数超过 9 时，人们难以把握评判；等级数在 5 以内，考评结果最佳。

数量式标度是以分数来揭示考评标志水平变化的一种刻度。它有连续型与离散点标式两种，如表 4-5、表 4-6 所示。

表 4-5　连续型标式

测评内容	测评标志				
测评标度	4.5～5	4～4.5	3.5～4	3～3.5	3 以下
合作性	亲密合作	积极合作	愿意合作	尚能合作	不合作

表 4-6　离散点标式

测评内容	测评标志	测评标度
综合分析能力	能抓住实质、分析透彻	5 分
	接触到实质，分析较为透彻	3 分
	抓不住实质，分析不透彻	0 分

测评标记是对应不同标度的符号表示，通常用字母标记、汉字标记或数字标记来表示。标记没有独立意义，只有与相关的标度联系后才有意义。

2. 测评权重

所谓权重，是指测评指标在测评体系中的重要性或测评指标在总分中应占的比重，其数量表示即为权数。

测评指标的记分在相当程度上依赖于测评对象和测评目的，同样的测评指标在不同对象的测评中，其解释和记分应该是不一样的，如"语言表达能力"这一测评指标，在测评行政职能人员、市场销售人员和招聘研发人员时的要求是不一样的。即使对于同一种人员，若这一指标同时在笔试、面试和小组讨论中被检测，则其对最后总分结果的影响，随各种测评方法对不同指标的适用性的不同而不同。为体现这一差异，通常在一个测评体系内，按不同的测评对象、目的或方法，对测评指标赋予不同的权重。

对测评指标权重的分配，多数取决于测评使用者对其组织文化的主观经验：不同组织对不同测评指标强调的重点也不同，如不同的组织所有制性质，或组织的不同发展阶段等。给测评指标加权的形式通常有两种，如表4-7所示。

表4-7　测评指标加权的形式

形式	内容
赋分形式	（1）体现为直接的各不相同的绝对分数，就是把一定数量的总分按照一定的比例分派到不同层次的测评指标上 （2）赋分的关键在于分派的法则与形式，分派的法则既可以主观臆断，又可以按经验确定或根据科学研究成果确定 （3）分派的形式可以是静态的，也可以是动态的；既可以一次定下，又可以反复多次试调后再定；既可以事先确定，又可以测评后确定
权重系数形式	（1）依据测评指标体系中各部分指标相对总体的不同"分量"赋予不同的百分数，以区分测评指标在总体中的重要性 （2）加权系数可以看作一种隐形的赋分形式 （3）加权系数过程实际上是把总权重分数分配到各个指标上的过程，把总分乘以权重系数即得到每个测评指标的赋分

【答疑解惑】

问1：企业人才甄选体系建设的重点有哪些？

【解答】企业人才甄选体系建设的重点包括以下五个方面：

（1）确定岗位要求和人才需求。企业需要清楚地了解各个职位的特点、所需技能和素质等，并将其转化为具体的岗位要求，从而明确人才需求。

（2）制定招聘流程和标准。企业需要建立科学、规范的招聘流程和标准，包括发布招聘信息、筛选简历、面试评估等环节，以确保人才甄选工作的公正性和有效性。

（3）设计测评工具和指标体系。企业需要根据不同岗位的需求，开发相应的测评工具和指标体系，对应聘者进行专业、全面、科学的评估。

（4）注重人才发展和培养。企业需要关注新员工的融入和职业发展，提供良好的培训和晋升机会，鼓励员工不断学习和成长，从而建立起一支高素质、专业化的人才队伍。

（5）加强人才管理和激励。企业需要建立完善的人力资源管理制度，包括绩效考核、薪酬激励、福利待遇等，为优秀人才提供良好的工作环境和发展机会，从而保持员工的忠诚度和工作稳定性。

综上所述，企业人才甄选体系建设的重点在于明确岗位需求、规范招聘流程、科学测评人才能力、加强人才管理和激励，以及注重员工的职业发展和成长。这些措施将有助于企业吸引、培养和留住高素质人才，提升企业的竞争力和创新能力。

问2：如何有效进行人才的甄选与评估？

【解答】人才甄选和评估是企业人力资源管理中非常重要的一环。以下一些方法有助于实现人才甄选和评估的目标。

（1）设定明确的职位需求和招聘标准。在开始招聘前，企业需要对职位的工作内容、所需技能、经验等进行充分了解，并根据这些信息制定出明确的招聘标准，以便筛选出合适的候选人。

（2）多种招聘渠道、广泛宣传。企业采用多种招聘渠道可以拓宽招聘范围，同时使用专业化的招聘平台或途径，以及利用社交媒体和员工内推等方式，增加潜在候选人的数量。

（3）优先考虑符合职位需求的候选人。面试时，企业应针对职位需求的技能和经验方面，优先选择符合要求的候选人。此外，面试官需要提前准备相关问题，全方位考查候选人的能力和素质。

（4）实施能力测试和背景调查。为了更好地了解候选人的真实情况，企业可以实施笔试、技能测试、心理测试等能力测试，并对候选人的个人背景、学历等进行调查。这些信息可以帮助企业更全面、准确地评估候选人的能力和性格特点。

（5）建立综合评估体系。招聘过程中，企业应该建立科学、有效的评估体系，结合各项测试和面试结果，对候选人进行综合评估，同时，根据企业的价值观和文化来综合考虑候选人是否符合企业要求。

总之，人才甄选和评估是一个复杂且重要的过程，企业需要考虑多方面因素，并采用科学的方法和工具来做出准确判断。

第三节　甄选方法的选择

一、什么是甄选方法

在对应聘者甄选的过程中，甄选指标体系是整个甄选的依据，但如何选择合适的甄选方法，是确保质量的关键。

甄选方法，即测评方法，是获取应聘者有关个人素质信息的方法，用以对应聘者进行客观、公平、合理的素质测评。

目前常用的甄选方法有简历或申请表分析、知识测验、心理测验、笔试、面试、评价中心和360度评定等。由于各种甄选方法均有优缺点，因此，要提高甄选质量，企业一般会选择其中几种方法进行组合施测。了解不同方法的特点并结合指标的不同选择甄选方法组合，可以有效获取应聘者的相关素质信息。

二、常用的甄选方法

1. 简历或申请表分析

经过招募阶段，人力资源部门会获取大量的应聘简历，在做简历甄选之前，要评估应聘者是否符合基本条件，让合适的应聘者进入下一个阶段。如果有必要，还可以进行电话甄选，致电给应聘者，核实他们的资料，了解他们的真实意图，对于不符合组织要求的即可筛掉，缩小企业甄选的范围。

2. 心理测验

心理测验是对行为样本进行测量的系统程序。这一程序在测量内容、实施过程、计分及解释等方面都具有系统性，从而使测量条件和测量结果具有统一性和客观性。通俗地说，心理测验就是通过观察人的少数具有代表性的行为，对于贯穿于人的行为活动中的心理特征，依据确定的原则进行推论和数量化分析的一种科学手段。

3. 笔试

笔试是人才甄选实践中最古老、最基础的技术之一。即使在人才甄选技术不断发展的今天，笔试依然在企业人才甄选中发挥着重要作用。尤其是在大规模的员工招聘活动中，笔试可以迅速甄别应聘者的知识素质，从而判断应聘者是否符合岗位的基本要求，可以作为人员选拔录用程序中的初期筛选工具。

4. 面试

面试是现代企业广泛应用的一种甄选方法，几乎所有的人员甄选过程都会使用面试，而且常常在一个招聘甄选程序中反复地使用。面试是在特定的场景下，考官和应聘者双方通过面对面的正式交流与观察等双向沟通的方式，了解应聘者的素质状况、能力特征以及动机的一种甄选技术。面试的特点是灵活，获得的信息丰富、完整和深入，缺点是主观性强、成本高、效率低等。

5. 评价中心技术

评价中心是一种包含多种测评方法和技术的综合测评系统。它是西方组织中流行的甄选和评估管理人员，尤其是中高层管理人员的一种人员素质测评技术，其核心内容是多种情境性甄选方法。运用情境性甄选方法可以充分地对应聘者的行为进行观察。但评价中心技术的费用较高，在时间及人员上的花费也较大；而且，参加评价中心的考官也需要经过专门的训练。因此，这种方法一般适用于甄选中高级管理人员或较重要职位的人员。

评价中心技术有很多种，包括无领导小组讨论、角色扮演、管理游戏、案例分析、演讲等。

三、甄选方法的组合

甄选方法的组合设计实际上是对甄选方法的深度使用，它不是一个简单的堆积，而是一个完整的甄选解决方案设计，包含了考评者对甄选指标体系与甄选方法的深刻了解和熟练把握。需要注意的是，甄选方法最终要服务于甄选目的，而不能让甄选目的迁就甄选方法。

1. 组合设计中的原则

组合设计中的原则如表4-8所示。

表4-8　组合设计中的原则

项目	内容
针对性	必须针对组织的甄选需求
重点性	必须突出甄选重点，而非面面俱到
经济性	必须考虑质量、时间和经费之间的平衡关系
顺序性	（1）简单的甄选方法放在前面进行（或通过上下午的时间来调节） （2）低成本的、批量化的甄选方法放在前面，以易于实现单项淘汰的策略 （3）对其他甄选会产生影响的甄选方法放在后面 （4）容易产生疲劳的甄选方法放在后面 （5）甄选内容敏感或易产生较大压力的甄选方法放在后面

2. 针对不同甄选目的的甄选方法组合

（1）不同职务层次人员的甄选方法组合。组织中不同职务层次的岗位，由于其承担的工作性质、内容、责任等不同，因此对任职者的要求也是不同的。具体的测评要素和测评方法如表4-9所示。

表4-9　不同职务层次人员的测评要素与测评方法

职务层次	测评要素	测评方法
普通员工	个性特征、实际操作能力、工作经验、价值取向	简历分析、人格测验、价值观评定、面试（结构化或半结构化）
中层管理人员	能力特点、个性特征、职业适应性、知识经验	面试（结构化或半结构化）、评价中心技术、人格测验等
高层管理人员	工商管理能力、创造性思维能力、较高的成就动机、灵活机敏但有原则、人际敏感性与沟通能力、开放和变革意识	评价中心技术、人格测验、动机测验、领导行为评估系列测验、管理潜能开发系列测验

（2）不同岗位系列人员的甄选方法组合。组织中的各个部门作为组织职能和业务的承担者，对组织贡献的大小是不同的，其活动的性质、难度、作用、技能和机制等都有所不同，因而对各个岗位上的人才要求也存在差异。具体的测评要素与测评方法如表4-10所示。

表4-10 不同岗位系列人员的测评要素与测评方法

岗位	测评要素	测评方法
生产系列	个性特征、组织协调能力、综合分析能力、兴趣取向、行为风格、工作履历	人格测验、兴趣偏好测验、价值观测验、面试（结构化或非结构化）
营销系列	人际敏感性、沟通能力、个性特征、动力需求模式、语言表达、工作履历	人格测验、敏感性与沟通能力测验、需求测试、生活特征问卷、无领导小组讨论、面试（结构化或半结构化）
财务系列	个性特征、思维分析能力和综合决策力、工作履历	人格测验、数量分析能力测验、面试（结构化或半结构化）
行政人事系列	个性特征、人际技巧、事务处理能力、工作履历	人格测验、无领导小组讨论、领导行为评定、面试（结构化或半结构化）
技术系列	创造性、思维推理能力、个性特征、工作履历	人格测验、逻辑推理测验、抽象推理测验、面试（结构化或半结构化）

案例4-1　如何进行项目经理的优化配置？

某高新技术企业，现有人员约100人，其中技术部门80人，主要由研发工程师、项目经理、软件开发工程师、硬件工程师、售后服务工程师等组成。由于公司承担全国各地的任务，项目实施后，往往会任命一名项目经理，全权负责该项目。公司目前主要有两种项目，一种是新项目，需要组建团队，设计方案。设计方案通过验收后，项目开始实施。另一种是售后项目，主要是进行项目技术方案的设计、软件系统升级、硬件配置优化，由售后服务人员完成。最近，客户投诉了南京和青岛两个项目的经理。

南京的项目是新项目，项目经理李某，技术过硬，管理水平一般，致使南京项目管理混乱。青岛的项目是成熟型项目，项目经理徐某，有一定的团队管理能力，但技术能力一般，因此，青岛项目技术方案很难让客户满意。目前，公司没有其他项目经理可派。

请结合案例分析，该公司应如何进行项目经理人员的优化配置？

【解析】人员配置的前提是工作分析，在人员配置过程中，通过工作分析可以重点明确岗位职责、任职资格。

本案例中，该公司现阶段有两种项目，一种是新项目，需要组建团队，设计方案，实施方案。另一种是售后项目，主要是进行软件系统升级、硬件配置优化，通常由售后服务人员完成。显然，新项目对项目经理的管理能力要求非常高，对技术能力要求比较低。而成熟的售后项目，对项目经理的管理要求比较低，对技术能力的要求较高。

所以，本案例中，结合两个项目经理的特点，项目经理优化配置为：团队管理能力较强的徐某负责南京的新项目，技术能力较强的李某负责青岛的售后项目，将这两个项目进行调换即可解决目前的主要问题。

第四节　招聘甄选中的信度和效度

招聘甄选的结果直接影响录用决策最终的效果。信度与效度是甄选过程中两个非常重要的指标。人力资源部门在对应聘者进行甄选测评时，应做到既可信又有效。

一、信度

1. 信度的定义

信度是指测量结果的一致性或可靠性程度。一个好的测评工具必须稳定，每次测量的结果要保持一致，但实际上，由于受到被试样本、施测条件、动机水平和注意力等因素的影响，不可能达到完全一致。一个好的测评方法难免有误差，但误差要控制在一定范围内。如果前后两次测验分数之间差异较大，测评结果就值得怀疑，因此，信度是对测量一致性程度的估计。

在统计上，信度通常由信度系数来表示。那么，多高的信度才能说明这个测评是可靠的呢？通常来说，信度系数大于 0.90 的测评被认为是可靠的；信度系数为 0.80 左右被认为是比较可靠的，而信度系数低于 0.70 则被认为可靠性比较低。

2. 信度的种类

信度的种类如表 4-11 所示。

表 4-11　信度的种类

项目	内容
重测信度	是指对一组被试人员进行某项测试后，过几天再对他们进行同一测试，两次测试结果之间的相关程度即为重测信度
	这种方法较为有效，但却不适合两次试题重复量过大的测试，因为被试人员在第一次测试后，可能记住某些内容，产生练习效应，从而提高第二次测试的分数
复本信度	复本信度是指用两个功能等值但表面内容不同的测试复本（如 A、B 卷）来测量同一组被试人员，然后求两个测试的相关系数
	这里的复本是指在结构、施测效果等方面和原测评工具基本一致的题目，常作为原测验的备用测验
内部一致性信度	内部一致性信度也称为同质性信度，主要反映的是一个测验内部的题目之间的关系，考察一个测验中想要测量相同内容或特质的各个题目是否真正测量了相同的内容或特质。一个具有可靠性的测评工具必须具有很好的内部一致性
评分者一致性信度	评分者一致性信度指的是不同评分者使用同一测评工具时所评分数间的一致性。评分者一致性信度在面试或评价中心中尤为重要，它可以反映多个考官对应聘者的评价是否一致

二、效度

1. 效度的定义

效度是指测量的有效性，即一个测验或量具能够测量出其所要测量东西的程度。效度所要回答的基本问题不是其是否有效，而是其对什么有效。也就是说，在考虑测评的效度时，必须从该测验的目的与特殊功能着眼。一个测验所得的结果，必须符合该测验的目的，才能成为正确而有效的工具。

（1）效度是针对某种特定的测评目的而存在的，有时一种人才测评方案的设计对某一特定目的的测评有效，但对另一种目的和用途则无效。

（2）每种测评各有其功能和限制，不存在一种对任何目的都有效的测评手段。例如，为录用高级管理人才而设计的测验用到一般职工的甄选中就没那么有效。所以，人才测评工具的编制要做到有的放矢，只有在此基础上，才可以评价测评的效度，否则是没有意义的。

（3）对效度进行评价时，不是说某个测验结果"有效"或"无效"，而是在考虑其用途的基础上，用"高效度""中等效度"或"低效度"来评价。

因此，效度的相关系数越大，就表明该测验的效度越高。一个测评工具也许很可靠、很稳定，但不能保证它一定有效，也就无法保证它是科学的测评工具。在评价人才测评工具的效度时，可以从不同的角度和使用不同的指标。

2. 效度的种类

（1）内容效度。内容效度，是指试题对有关内容或行为范围取样的适当性，即内容效度研究的目的是评估试题是否充分代表了所要测量的内容范围。这种测评的效度主要与测评内容有关，因此在测评时，我们总是选用一定的内容或项目来对某个特质进行衡量，内容效度也就是指这些项目能够代表所有表示该特质的项目的程度。

因此，一个测评要有内容效度必须具备两个条件，如图4-7所示。

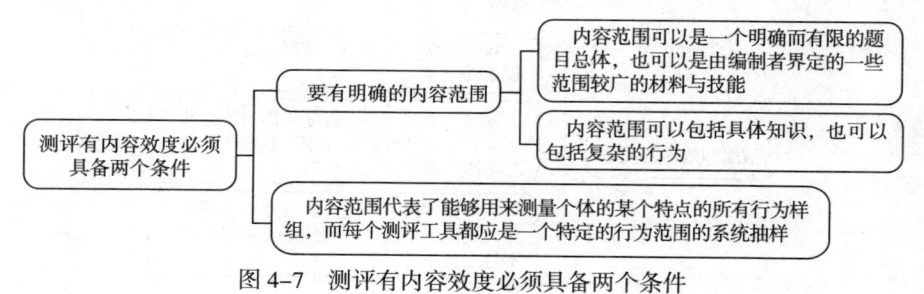

图4-7 测评有内容效度必须具备两个条件

（2）构思效度。构思效度就是指测评工具能说明构思或特质的程度。在人才测评中，经常要测量一些抽象的概念，如智力、动机、焦虑程度等。这些抽象的、假设性的概念或特质在测量理论中通常用构思来表示，而构思是不能直接测量的，需要借助测评工具反映出来。

假设我们对应聘者的成就动机进行测评，首先要明确与成就动机相关的行为，如设定有一定挑战性的目标、承担适当的风险、对自己的行为负责、喜欢反馈等。其次找出与之相关的构思。经研究表明，成就动机倾向与主动性、分析能力、创新能力有关，在此基础上再对这些构思进行分析，如主动性可以表现为事事有安排、独立安排工作等，这样就可以把抽象的成就动机外显化。

（3）效标效度。效标效度，即准则关联效度，是指测评分数对所要测验行为的预测能力，用测评分数和效标之间的相关系数来表示测评效度的高低。

效标或准则是衡量测评有效性的参照标准，并且这种标准为世人所公认，较为客观。例如，检验MBA考试的准则关联效度是以MBA考试（测试分数）与应聘者多年后的工作业绩（准则分数）间的相关性来表示的。如果两者相关度高，则可以用MBA的成绩作为准则来预测应聘者今后的工作成就。另外，不同测评需要寻找的效标或准则是不一样的，不同的测评目的需要有与之相适应的效标或准则。对于员工的甄选来说，行为表现和工作业绩是测评较好的效标。

从信度和效度各自的定义可以看出，两者既有区别又有联系，如图4-8所示。

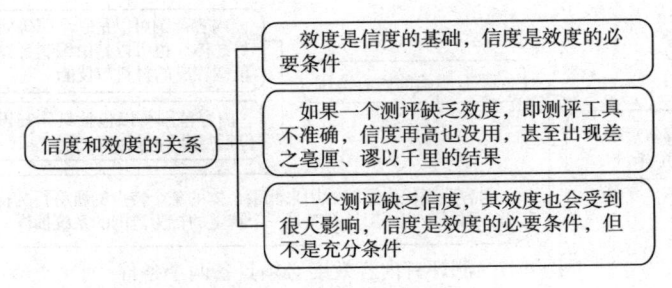

信度和效度的关系	效度是信度的基础，信度是效度的必要条件
	如果一个测评缺乏效度，即测评工具不准确，信度再高也没用，甚至出现差之毫厘、谬以千里的结果
	一个测评缺乏信度，其效度也会受到很大影响，信度是效度的必要条件，但不是充分条件

图4-8 信度和效度的关系

三、招聘甄选误差及其控制

1. 误差

误差是指在测量中由与目的无关的变因所引起的不准确或不一致的效应。误差有两种主要形式，如表4-12所示。

表 4-12　误差的两种主要形式

形式	内容
随机误差	随机误差又称可变误差，这是由与测量目的无关的偶然因素引起而不易控制的误差，它使多次测量产生不一致的结果
	这类误差的方向和大小的变化完全是随机的
系统误差	系统误差又称常定误差、偏差，这是由与测量目的无关的变量引起的一种恒定而有规律的效应，稳定地存在于每一次测量中，此时虽然测值一致，但不正确

2. 误差来源

（1）影响测评信度的误差来源。

①应聘者本身特征的影响。通常来说，应聘者的应试动机、应聘经验、身心健康状况、注意力、持久性、求胜心、作答态度等个人因素会对测评的效果有影响。应聘者的团体影响因素包括团体的异质性和团体的平均水平。

②考官的影响。不按规定实施测评、制造紧张气氛、给予某些应聘者特别协助、主观评分以及一些暗示性的语言等都会对测试产生影响。常见的主观判断如表 4-13 所示。

表 4-13　常见的主观判断

项目	内容
首因效应	首因效应是指考官对应聘者的第一印象，是由先前信息所形成的最初的印象及对后来的影响。即以对应聘者表情、身材、容貌以及声音等的最初印象为对应聘者的评分依据
近因效应	近因效应是指考官对应聘者最近表现的印象。由于面试中前面的信息比较模糊，就以最后的信息作为对应聘者评价的依据
晕轮效应	晕轮效应是指考官对应聘者所具有的某个特征的关注而泛化到其他一系列特征上，即常从好的或坏的局部印象出发、扩散而得出应聘者全部好或全部坏的整体印象，并以此给予评分。"爱屋及乌""情人眼里出西施"就是晕轮效应的一种表现
相似效应	相似效应是指考官觉得应聘者某个或某些方面的观点或特征与自己相似而产生对应聘者的印象，并给予应聘者好的评价
刻板印象	刻板印象是指考官根据应聘者的一些特征将其归为某一类人，并将这一类人的特征赋予应聘者，而不管其实际差异如何，并以此作为评价依据

③测试内容方面的影响。如果测试题目取样不当、内部一致性低、题目数量过多或过少、题目意义含糊等，都会对测评结果产生影响。一般来说，在一个测试中增加一些题量可抵消测试中的随机误差。测试难度与信

度之间没有必然联系，但是如果测试太难或者太容易，分数差距将缩小，信度也随之下降。

④实际测试环境的影响。测试的现场条件、空间的大小、温度、光线、噪声、他人的影响等都会对测试结果产生影响。例如，盛夏季节在一间没有空调的房间里做测试，应聘者的状态会受到很大影响。

⑤其他因素的影响。遇到一些突发事件，如突然停电、电脑死机、题目印制出错、考场上突然有人生病等，或多或少都会对测试产生影响。

（2）影响测评效度的误差来源。影响测评效度的误差来源如表4-14所示。

表4-14　影响测评效度的误差来源

来源	内容
测评构成	测评的具体项目和内容是构成测评的要素，测评的效度很大程度上取决于题目的设计 测评的取材、长度、难度、编排方式等对测评都有影响。如果将针对销售人员的甄选而开发的题目用在财务人员的甄选上就不适合 测评题要经过严格的选择，依据岗位来设计，注意题目的长度要合适，难易程度适中且安排得当。如果题意含糊，容易产生歧义，以致应聘者产生误解，也会降低测验的效度，主要注意以下两点 ①试题编制要合理。通常试题应按照由易到难的顺序排列。如果难题在前，水平较低的应聘者就可能由于受挫而影响进一步答题的积极性，并且，应聘者可能花很多时间去解答这些题目而没时间做后面较容易的题目，从而无法测出应聘者的真实水平，降低测验的效度 ②试题难度要适当。例如，常模参照测验是通过比较应聘者得分间的差异，确定某一特定个体在团体中的相对位置。其试题平均难度应在0.5左右，并有适当的难度分布。试题太难或太容易都无法区分应聘者的优劣，从而降低测验的效度
测评实施过程	在测评过程中要合理设计测评的流程，若中间环节有误差，可能会影响测评的效果 在实施测评的过程中，是否遵照测评使用手册的各项规定进行标准化施测、指导语是否已将答题方式说清楚、是否按要求进行时间限制等，也会影响测评的效度 测评的组织者应该恰当控制测试情境，按照有关规定进行测试，以免外在因素影响测试结果的正确性
应聘者的反应	应聘者对测试的接受程度、兴趣、动机、情绪、态度和身心健康状况等，都令其在测试情境中的反应有所不同 无论是能力测试还是人格测试，只有应聘者认真配合才能反映真实状况，考官才能对其做出正确判断

3. 测评的误差控制

（1）测评工具的误差控制。由于人的才能、个性、品德等许多特征都是无法直接测量的，且人才测评常常受主观因素的影响，人才测评工具和方法所造成的误差比物理、化学测量的误差要大得多。避免因测评工具和方法引起误差的措施如表 4-15 所示。

表 4-15　避免因测评工具和方法引起误差的措施

项目	内容
根据人才测评目的正确选用测评工具	要根据人才测评的目的来正确选用测评工具，如笔试、面试、情境模拟测试等 标准化的纸笔测验是目前人才测评使用得最广泛的一种形式，无论是成就测验，还是人格测验，或者是能力倾向测验都有多种形式，为了控制误差，应该根据不同工具的特点和人才测评的目的来谨慎选用
尽可能恰当地对测验题目取样	如果题目数量太少或取样缺乏一定的代表性，就容易使应聘者的反应受机遇影响。比如，应聘者恰巧准备或没准备到某次考试的某道题目，其得分情况纯属机遇，这对测验分数的一致性影响较大。另外，同一测验的几种等同形式实际上不等值，包括内容、安排格式、难度上的不匹配，均会引起测评误差 应避免选用一些不恰当的测验题目格式，如是非题或单选题容易引起猜测，主观题太多，容易引起评分时的主观性，这些都会使测量误差增大
尽可能恰当地对测验题目取样	试题的难度也要合适，理想的测验难度分布是呈钟形曲线的常态分布。如难度过高容易引起猜测，误差增多；过低则会引起分数相近，测验的实测分数差距减小。这两种情况都会导致信度下降
试题或指导语用词要恰当	如果试题所表达的意思含混不清、模棱两可，易使应聘者随意猜测作答，容易使测评结果不正确

（2）测评实施过程的误差控制。在人才测评前要做好准备工作，熟悉整个测评程序、测评材料、使用的工具、场地等。例如，施测现场的温度不合适、光线过暗、背景声音安静或嘈杂、桌椅不舒适、空间大小不当、通风不够等都会影响测量误差。

（3）考官的误差控制。考官的误差控制如图 4-9 所示。

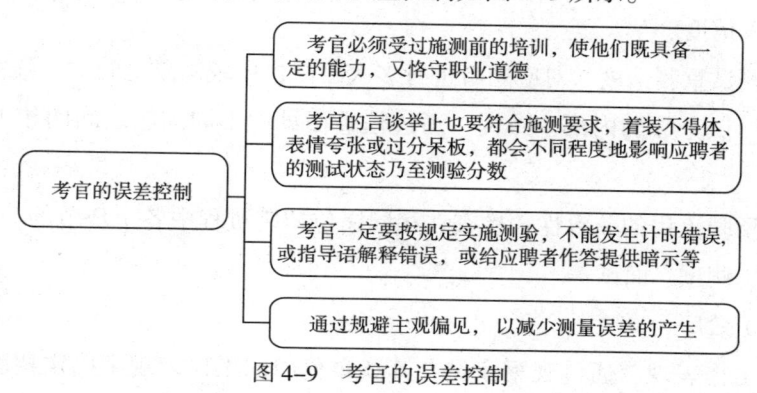

考官的误差控制
- 考官必须受过施测前的培训，使他们既具备一定的能力，又恪守职业道德
- 考官的言谈举止也要符合施测要求，着装不得体、表情夸张或过分呆板，都会不同程度地影响应聘者的测试状态乃至测验分数
- 考官一定要按规定实施测验，不能发生计时错误，或指导语解释错误，或给应聘者作答提供暗示等
- 通过规避主观偏见，以减少测量误差的产生

图 4-9　考官的误差控制

（4）应聘者的误差控制。即使测试题编制得很好又有标准化的施测和记分程序，但由于应聘者本身的变化，仍然会使测验分数不一致。这是最难控制的误差。

①测试会受应聘者动机的影响。每个应聘者都抱着获取就业机会的目的来参加测评，这个目的可以导致应聘者故意掩饰自己，作出一些带有倾向性的回答，其结果就不能反映出应聘者的真实情况。不同的应聘者，其动机水平不一样，因而掩饰程度也会有所不同。而且，不同的动机水平可以引起应聘者不同的应激状态，动机过分强烈会使应聘者产生测评焦虑，而动机不足则会使应聘者对测评采取敷衍了事的态度。在人格、态度、动机等测评中，应聘者的动机水平常常是使测评产生误差的最重要因素。

②测试会受应聘者生理因素的影响。应聘者的生理因素，如在测试前处于失眠、生病、疲劳状态，势必会影响应聘者对自己的某些个性特征做出不同于正常情况下的判断和反应，比如会倾向于判断自己的稳定性比较差；过分的疲劳会使应聘者注意力分散，也容易引起测量误差。此时可与应聘者沟通，在条件允许的前提下另选时间进行测试。

【答疑解惑】

问1：如何衡量招聘的信度和效度？

【解答】招聘的信度和效度是评价人力资源管理质量的两个重要指标。下面是衡量招聘的信度和效度的方法：

（1）信度。

①测试重测信度。对应聘者进行多次测试，比较结果之间的一致性。

②面试分数的内部一致性。通过检查面试中不同问题之间的相关性来判断。

③招聘流程的一致性。检查在相同岗位招聘过程中各个环节的一致性，如培训、测试、面试等。

（2）效度。

①工作表现。通过观察雇员在其新角色中的工作表现来确定招聘是否

成功。

②员工保留率。低离职率通常表明招聘决策具有较高的效度。

③成本效益。将所花费的资金与新员工的实际表现作比较，以确定整个招聘过程的成本效益。

总之，企业要衡量招聘的信度和效度，需要使用多种不同的方法和技术，并综合考虑不同因素对招聘决策的影响。这样才能确保招聘过程是高效、准确的，从而提高企业的绩效和成果。

问2：评价方法不当引起的系统误差会影响量表效度吗？

【解答】评价方法不当引起的系统误差可能会影响量表的可靠性和有效性，从而影响其效度。例如，如果评价者主观判断某个症状的程度或频率，而不是使用标准化的评估工具，那么就会导致在不同时间或不同评价者之间得出不一致的结果，降低了量表的可靠性和有效性。另外，如果评价者过分依赖某一指标而忽略其他信息，也会导致对该指标的评估失真，从而影响量表的有效性。

所以，评价方法不当导致的系统误差可能会影响量表的可靠性和有效性，最终影响量表的效度。因此，企业在使用量表时需要注意评估者的背景和技能水平，并且选择标准化的评估工具进行评估。

第五章
什么是初步甄选

第一节　简历和申请表甄选

一、认识简历和申请表

1. 简历

简历是应聘者投递给企业的敲门砖，是应聘者自己携带的个人介绍材料。简历的内容大体可以分为两部分，如表 5-1 所示。

表 5-1　简历的内容

项目		内容
主观内容	应聘者对自己的描述	如本人的性格、兴趣、爱好等，主要是应聘者对自己的评价以及描述性的内容
客观内容	个人信息	包括姓名、性别、民族、年龄、学历等
	教育情况	包括上学经历和培训经历等
	工作经历	包括工作单位、起止时间、工作内容、参与项目名称等
	个人成绩	包括学校、工作单位的各种奖励等

应聘者简历的格式往往五花八门，很难统一，而且，有些组织需要的信息不一定能在简历中反映出来，这为甄选带来了很多麻烦。同时，简历内容不统一，也不便于在应聘者之间进行比较。但每个人的简历又有个人的特色，简历给应聘者较大的自由创造空间来展示自己的能力和风采。

温馨提示　从简历判断应聘者是否有实操经历的方法

（1）看细节。如果叙述比较注重细节，则说明应聘者实战过的可能性较大。如果只是泛泛而谈，则不然。

（2）看用词。使用的是专业词汇，特别是业内的俗称而非学术用词，说明应聘者真的熟悉。

（3）看难点。在简历中能够写出项目实施难点或问题的是有实操经验的应聘者，因为成果是公开的，而问题和难点只有真正参与的人才知晓。

（4）看方法。简历中介绍的实现成果的方法独特，参与实操的可能性大；反之，则可能来自书本。

2. 申请表

申请表是由招聘组织设计，包含岗位所需的基本信息，并用标准化的格式表示出来的一种表格。申请表的目的是收集组织需要了解的岗位相关信息，方便对应聘者进行甄选，并从中选出参加后续甄选的人员。申请表一般包括个人基本情况、应聘岗位情况、工作经历和经验、教育与培训情况、个人的职业发展设想、个人的任职要求等。需要注意的是，应聘申请表中不应含有歧视性项目和可能涉及个人隐私等敏感性内容。

一般来说，申请表的特点如表 5-2 所示。

表 5-2　申请表的特点

特点	内容
结构清晰、内容简洁	经过精心设计的申请表应该有合理的结构，并且布局很简洁，可以使甄选过程节省很多时间，加快预选的速度，是较快、较公正准确地获取应聘者有关资料的最好办法
既有通用信息，又能反映岗位特色	相对于简历而言，申请表更可靠，因为申请表是组织决定填写哪些信息，并且所有应聘者都要按表中所列项目提供相应的信息，因此，可以使招聘组织比较准确地了解应聘者的相关历史资料
为后期的其他选拔方法提供参考	申请表有助于在面试前设计具体的或有针对性的问题，有助于在面试过程中作交叉参考，看有无矛盾之处

二、申请表的设计

很多组织自己设计申请表的格式，要求应聘者填写。但无论格式有什么样的区别，申请表中包含的内容基本是一致的，如表 5-3 所示。

表 5-3　申请表中应包含的内容

项目	内容
个人基本资料	包括姓名、性别、近照、年龄、籍贯、健康状况、联络地址及电话、个人邮箱等

续表

项目	内容
教育背景	主要说明应聘者所受的教育历程和内容，其中包括教育程度及历程、毕业年限、主修科目、撰写的论文主题、特殊训练课、个人成绩等
工作经验	应该覆盖的信息有：所在组织的名称、起止日期、所在部门、岗位名称、主要的工作职责、重要的业绩、离职原因、直属上司或下属、主要参与的项目、所获得的奖励和处罚等
	对一些刚从学校毕业的职场新人来说，这部分内容能够看到他的社会活动能力，包括参加社团及担任职务、举办的活动、志愿者活动、社会实践等
能力资格和培训经历	通过这部分内容可以获取与岗位相关的技能信息，如专业训练与证件、职业资格证书、语言能力和计算机应用能力等
自我认识和其他个人信息	自我认识的信息包括个人性格描述、自我评价、价值理念、生涯规划、兴趣爱好等
	其他的个人信息包括个人希望待遇、对工作环境的期望、应征动机等
组织希望了解的其他信息	组织可以根据需要设定一些较为个性化的问题，以便有更多参考信息对应聘者进行判断，如"你职业生涯中经历的最困难的事情是什么？你是如何应对的？""你如何评价自己的优缺点？"等

三、简历和申请表的甄选方法

1. 甄选简历的方法

对于应聘简历，实际上并没有统一的标准来评估，因为简历的甄选涉及很多方面的问题，如表5-4所示。

表5-4 甄选简历涉及的问题

项目	内容
分析简历结构	（1）简历的结构在很大程度上反映了应聘者的组织和沟通能力。结构合理的简历都比较简练，一般不超过两页 （2）通常应聘者为了强调自己近期的工作，书写教育背景和工作经历时，可以采取从现在到过去的时间排列方式 （3）突出表述相关经历 （4）书写简历并没有一定格式，只要通俗易懂即可，无须特别关注
审查简历的客观内容	（1）简历的内容分为主观内容和客观内容两部分 （2）在甄选简历时应将注意力放在客观内容上。客观内容主要包括个人信息、受教育经历、工作经历和个人成绩四个方面 （3）主观内容主要包括应聘者对自己的描述，例如本人开朗乐观、勤学好问等对自己的评价性与描述性内容
判断是否符合岗位技术和经验要求	（1）在客观内容中，首先要注意个人信息和受教育经历，判断应聘者的专业资格和经历是否与空缺岗位相关并符合要求 （2）如果专业资格和经历不符合要求，就没有必要再浏览其他内容，可以直接筛掉

续表

项目	内容
审查简历中的逻辑性	（1）在工作经历和个人成绩方面，要注意简历的描述是否有条理，是否符合逻辑。比如，应聘者在简历中描述自己的工作经历时，列举了一些著名的单位和一些高级岗位，而他所应聘的却是一个普通岗位，这时就需要引起注意 （2）如果能够判断简历中有虚假成分存在，就可以直接将这类应聘者淘汰
对简历的整体印象	（1）通过阅读简历，想想给自己留下的印象如何 （2）标出简历中感觉不可信的地方以及感兴趣的地方，面试时可询问应聘者

2. 甄选申请表的方法

申请表的甄选方法与简历的甄选虽然有很多相同之处，但也存在以下不同之处。

（1）判断应聘者的态度。人力资源部门在甄选申请表时，首先要甄选出那些填写不完整和字迹难以辨认的材料。对于那些态度不认真的应聘者，可以直接淘汰。

（2）关注与职业相关的问题。人力资源部门在审查申请表时，要估计背景材料的可信程度，要注意应聘者以往经历中所任职务、技能、知识与应聘岗位之间的联系。例如，应聘者是否标明了过去单位的名称、过去的工作经历与现在申请的工作是否相符、工作经历和教育背景是否符合申请条件、是否经常变换工作而这种变换却缺少合理的解释等。人力资源部门在甄选时要注意分析其离职原因、求职动机，对那些频繁离职人员加以关注。

（3）注明可疑之处。不论是简历还是应聘申请表，很多材料或多或少地存在内容上的虚假。人力资源部门在甄选材料时，应该用铅笔标明这些疑点，在面试时作为重点提问内容之一加以询问。如在审查应聘申请表时，通过分析求职岗位与原工作岗位的情况，要对高职低就、高薪低就的应聘者加以注意。为了提高应聘材料的可信度，必要时应该检验应聘者的各类证明身份及能力的证件。

值得注意的是，由于个人资料和招聘申请表所反映的信息不够全面，决策人员往往凭个人经验与主观臆断来决定参加复试的人选，带有一定的盲目性，经常发生漏选情况，因此，初选工作在费用和时间允许的情况下

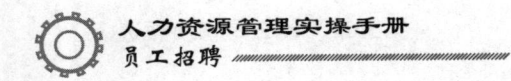

应坚持面广的原则，尽量让更多人员参加复试。

四、电话甄选

人力资源部门将收到的简历和申请表进行甄选之后，在面试之前，可以通过电话对应聘者进行访谈，即电话甄选。经过电话甄选，可以淘汰那些不符合条件的应聘者，缩小候选范围，从而加速甄选过程，也大大节省时间。

1. 电话甄选的目的

当应聘者的简历或申请表基本符合面试条件但也有些含混不清的地方时，需要通过电话沟通，了解一些真实的信息。

例如，某组织需要招聘电话销售人员，电话甄选便是通过电话交流，来判断应聘者的语言表达能力、应变能力等情况。

通常情况下，电话甄选是和其他甄选方法结合使用的。电话甄选是甄选中的一个环节，不能替代面试和专业测试。在电话甄选中，只能从应聘者回答问题的声音、语态及说话的内容来对其进行判断，而应聘者的表情、肢体语言等并不能反映出来，结合其他方法会提高人才甄选效度。

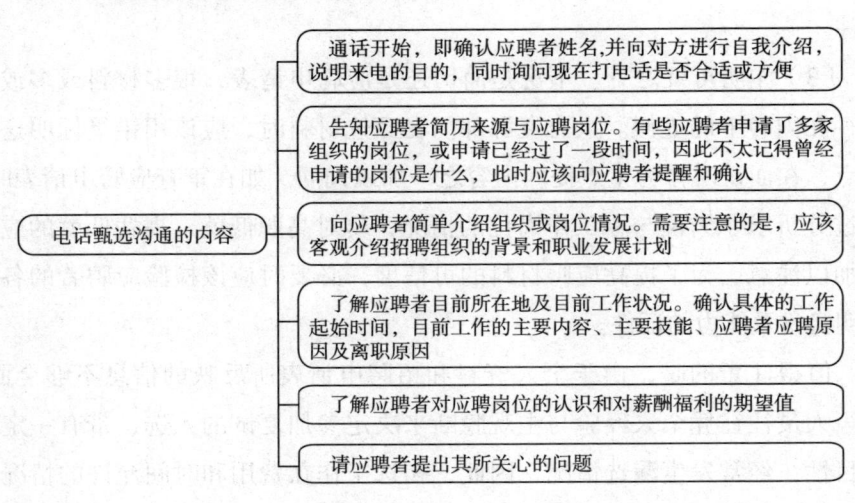

2. 电话甄选沟通的内容

电话甄选沟通的内容如图 5-1 所示。

电话甄选沟通的内容：
- 通话开始，即确认应聘者姓名，并向对方进行自我介绍，说明来电的目的，同时询问现在打电话是否合适或方便
- 告知应聘者简历来源与应聘岗位。有些应聘者申请了多家组织的岗位，或申请已经过了一段时间，因此不太记得曾经申请的岗位是什么，此时应该向应聘者提醒和确认
- 向应聘者简单介绍组织或岗位情况。需要注意的是，应该客观介绍招聘组织的背景和职业发展计划
- 了解应聘者目前所在地及目前工作状况。确认具体的工作起始时间，目前工作的主要内容、主要技能、应聘者应聘原因及离职原因
- 了解应聘者对应聘岗位的认识和对薪酬福利的期望值
- 请应聘者提出其所关心的问题

图 5-1　电话甄选沟通的内容

通过电话沟通情况，最终判定应聘者是否符合基本要求。如果符合的话，可以进入下一步甄选程序。

案例 5-1　招聘人员如何甄别简历中的虚假信息？

某建材生产企业，因业务发展扩大，急需招聘到岗 50 名销售代表，并安排到各分公司。人力资源部通过招聘网站刊登广告，每天能够收到 100 多份简历。在收到的简历中，经常发现虚假信息。

结合本案例分析，招聘人员如何甄别简历中的虚假信息？

【解析】招聘人员甄别简历中的虚假信息可从以下几方面着手：

（1）分析简历结构：简历是否全面介绍个人的受教育背景、工作背景。其中，工作背景包括：服务行业、公司名称、工作岗位等。

（2）看简历的客观内容：是否有实际的工作内容、数据、工作和职位的匹配性。

（3）判断是否符合职位技术和经验要求：考虑工作公司的行业相关性、技术能力的水平、管理经验的层级。

（4）简历中的逻辑性：简历是否有逻辑性，是否有工作经历的"空档期"，是否符合一般性的职业发展规律。

除了以上常规方法，对重点的岗位，还需要通过面试、背景调查来甄别。

案例 5-2　综合型的项目经理，简历应该怎么选？

2018 年 9 月，广州某科技公司经投标获得某知名企业的电商平台建设项目。公司评估项目经理人手不够，准备招聘 1 名综合型的项目经理。招聘人员挑选了 10 名候选人简历推荐给技术部，最后没有一个人达到要求。技术部门经理解释，目前提供的候选人员简历，技术能力还可以，综合能力则比较欠缺。综合型的项目经理，除了专业技术过硬，还要有丰富的带团队经验，能够把公司的要求上传下达并执行落地，同时负责与各组织的沟通和协调。

请问：招聘人员在挑选综合型项目经理的简历时需要注意哪些方面？

【解析】招聘前的工作分析很重要。工作分析是人力资源管理工作的基础。工作分析内容包含对工作内容及岗位需求的分析；对岗位、部门和组织结构的分析；对工作主体员工的分析。

本案例中，由于招聘人员对综合型项目经理的职责要求理解不清，最后提供的10份简历都没有通过。招聘人员招聘时，仅考虑项目经理的技术能力要求，主要是通过简历中候选人员的任职岗位、教育背景、专业资质、培训经历等方面来评估。

对于本案例中综合型的项目经理，除了具备专业技术能力，还要具有管理方面的素质和经验。包括：团队管理能力、沟通能力、组织协调能力。这些主要是评估简历里的项目工作经验、项目的角色、项目的大小、项目人员的多少、项目周期等内容。

【答疑解惑】

问1：如何读透应聘者的简历？

【解答】读透应聘简历，最主要的原则就是对各项内容进行交叉分析，这样就能获得应聘者更完整和全面的信息，发现其中的亮点和疑点。亮点和疑点都不是最终判断，招聘人员还必须通过进一步的甄选来确认。

问2：怎样做好对主观信息的筛选？

【解答】主观描述主要包括求职者对自己的评价性与描述性内容，如自我评价、个人描述等。

HR主要查看求职者自我评价或描述是否适度、是否属实，并找出这些描述与工作经历描述中相矛盾或不符、不相称的地方。如果HR判定求职者所述主观内容不属实且有较多不符之处，则可直接筛掉。

第二节　背景调查

一、背景调查的对象

对于企业而言，并不是对所有员工都要做背景调查。一般情况下，只对一定级别以上的关键岗位进行背景调查，如中高层管理岗位、核心技术岗位。

1. 中高层管理岗位

中高层管理者是企业战略、规划、制度的制定者、引导者、推行者，中高层管理者队伍的素质和管理水平直接关系到企业的执行力以及企业的生存发展。

一般来说，对中高层管理人员的背景调查，在任职经历上，应不少于3个相近的任职单位；在时间跨度上，5年以内从事的岗位都应列入背景调查的范围。

2. 核心技术岗位

核心技术优势具有不可复制性，是企业基于对产业、市场和用户的深刻洞察，并在环境中长期孕育形成的优势，有独特的市场价值，能够解决重大的市场问题。

毕竟核心技术开发投入大、周期长、代价高。一旦出现差错，会对企业造成致命打击。

温馨提示

背景调查的原则

背景调查是一个非常重要且容易被招聘人员忽略的环节。背景调查主要包括以下原则：

（1）被调查人授权，背景调查要让被调查人知情。

（2）不涉及被调查人尚未离职的公司。

（3）不涉及被调查人的个人隐私。

（4）第三方仅记录客观情况，不评价被调查人是否胜任。

（5）给予认为有问题的被调查人申辩权利。

（6）保密被调查人信息。

二、背景调查的主要内容

员工背景调查的主要内容如图 5-2 所示。

身份识别　犯罪记录调查　教育背景调查　工作经历调查　数据库调查

图 5-2　背景调查的主要内容

（1）身份识别：核实候选人身份证的真假。

（2）犯罪记录调查：核实候选人是否有犯罪记录。

（3）教育背景调查：核实候选人的学位证书是否真实、有效。

（4）工作经历调查：包括调查工作经历是否真实、是否正常离职、是否与原单位解除劳动合同等信息，以及工作具体表现。

（5）数据库调查：通过各种权威的信息库来查找候选人是否有被公开的负面信息。

在同一家企业中，对不同岗位所进行的背景调查的范围和深度是不一样的。企业人力资源部可以根据岗位重要性将员工划分为几档，并以此决定对员工进行调查的范围和深度。

（1）最基层的员工可以仅做身份证识别和犯罪记录核实，比如一线的操作工人、保安、保洁人员等。

（2）初级专业职位如文员、助理一类，需要加上教育背景和工作经历的核实，教育背景仅核实最高学位，工作经历仅了解最近一两段工作经历，也只需确认工作起始时间和是否正常离职即可，无须了解详细的工作绩效。

（3）高级专业职位，包括核心技术人员、高层管理者，则需要全面彻底的调查，包括各种专业资格证书的核实、海外经历核实、是否陷入各种法律纠纷、是否在媒体中有负面报道、在前任雇主处的详细工作表现和真实离职原因。另外，还要进行更长时间范围内的工作经历核实，一般最长可以追溯到候选人 10 年以内的工作经历。教育背景也可以核实从本科开始所取得的所有学位。

（4）对于一些特殊性质的职位，例如法务、财务相关工作，无论职位高低，都需要进行最全面严谨的调查。

背景调查结束，要统一填写《背景调查表》，报领导审查，确定最终是否录用，并作为员工的历史资料，由人事部门专人负责入档。表的填写应注意：表格填写要完整、准确，不得漏项，记录在调查过程中了解到的一切信息；填写调查结果，应涵盖调查的内容；应显示背景调查对象的职务，以便对其提供情况的可信度做出判断。

背景调查表如表 5-5 所示。

表 5-5　背景调查表

应聘者姓名		应聘岗位		面试时间	
调查单位 1					
提供信息人 1	与被调查者关系		□上级□下级□平级□其他 _____		
	姓名		所在部门	所在职位	联系方式
被调查者信息	任职时间			任职岗位	
	工作评价			有无不良记录或纠纷	
				薪资水平	
	离职原因	□公司辞退（原因：　　　　　　　　　　　　　　　　　　） □个人辞职（原因：　　　　　　　　　　　　　　　　　　）			
调查单位 2					
提供信息人 2	与被调查者关系		□上级□下级□平级□其他 _____		
	姓名		所在部门	所在职位	联系方式
被调查者信息	任职时间			任职岗位	
	工作评价			有无不良记录或纠纷	
				薪资水平	

续表

被调查者信息	离职原因	□公司辞退（原因： ）				
		□个人辞职（原因： ）				
调查单位3							
提供信息人3	与被调查者关系					
	姓名		所在部门		所在职位		联系方式	
被调查者信息	任职时间				任职岗位	
	工作评价				有无不良记录或纠纷	
					薪资水平	
	离职原因	□公司辞退（原因： ）				
		□个人辞职（原因： ）				
调查小结							
调查结果	□属实 □不属实						
调查日期		调查部门		调查人	

三、背景调查的实施

根据上面介绍的调查内容分类，各项背景调查的操作如下。

1. 身份识别

通过国家身份证管理网站查询，也可以电话或书面同应聘者户口所在地的公安机关或户口管理机构查验以兹证实。

2. 犯罪记录核实

犯罪记录核实有两种渠道：

（1）候选人户口所在地派出所。由于犯罪记录在中国不对公众开放，所以大部分派出所不会进行口头的核实，通常做法是候选人本人或者亲属到当地派出所开具无犯罪记录证明，并提供开具证明的警官姓名和办公电话，然后由 HR 再打电话到派出所找该警官核实情况。

（2）员工档案所在地。由于有的地方档案管理不健全，不是所有犯罪信息都被记录在档案里，所以该渠道只能是一个备用渠道。

3. 教育背景核实

中国高等教育学生信息网，能查询 2001 年后的大专以上的毕业证书，但无法查询学位证书。如果员工获得的是专科学历，由于专科学历只有毕业证书，无学位证书，仅查询该网站即可；对于本科或者以上学历，有学位证书一定有毕业证书，而有毕业证书不一定有学位证书，因此该网站不太适用，需要通过高校的档案馆来核实学位证书，一般的档案馆要求调查者发函或者传真过去，并收取少量的查档费；对于国外的教育经历，可以委托有能力的第三方公司或者教育部的留学服务中心来核实。

4. 工作经历真实性核实

HR可打电话通过候选人原工作单位总机转到人力资源部门，找到相关人事专员进行核实，这是最可靠的一条途径。当遇到总机要求实名转接时，可要求候选人提供一个人事专员的姓名，通过总机转入进行核实。如果无法提供，前任主管也是另一条可靠的渠道。

5. 工作表现核实

如果需要核实该项，在进行工作经历真实性核实时，HR应从候选人原工作单位人事部门那里确认候选人直接上级的姓名和联系方式，然后通过企业总机或者企业邮箱采访其上级，获取所需资料。

四、确保调查的可靠性

背景调查的可靠性是保证招聘结果可靠性的重要因素，而结果的可靠性来源于过程的可靠性。要想确保调查可靠，HR可从如图5-3所示的三个方面入手。

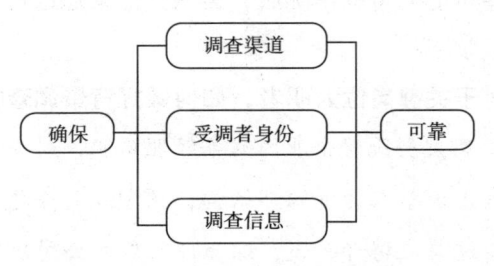

图5-3 确保调查可靠的措施

1. 确保调查渠道可靠

这里所说的"可靠"是指那些权威的信息来源。比如，对于工作起止时间、职位等客观信息，候选人原单位的人力资源部门这类有权保留员工信息的部门是可信渠道之一；而对于工作具体表现，其直接主管更可靠一些，因为主管是对员工进行绩效考核的主体。

2. 确保受调者身份可靠

在选择了可靠的调查渠道后，如何认定接受调查的人是候选人的前主管或者其所在单位的人力资源部门呢？候选人原单位总机和办公邮箱是关键。因为一个公司的总机是公开的、可信赖的、固定的，办公邮箱也是这样。所以，如果一个人是你通过总机或者公司邮箱联系上的，那么这位受调者的身份是可以信赖的。

3. 确保调查信息可靠

即使我们选择了可靠的渠道，确定了受调者的身份，那么如何确保受调者所说的话是相对客观公正的呢？要做到这一点，你需尽量弄清楚并记录受调者的姓名（至少是姓）、办公电话以及职位。如果一个人被别人知道了自己的姓名、性别、职位和办公电话，那么他/她自然而然就不太可能说谎，因为他/她是可以被定位的，同时这些信息也方便你打电话进行二次调查。

另外，HR通过邮件、信件、传真等方式联系受调者，应妥善保留这些书面证据，如果通过电话核实出来有负面信息，那么必须找受调者要一份书面证明。一旦出现虚假情况，负责招聘的HR应该高度重视，除了索要书面证明，还要进行各种特殊情况的排除。

在排除了这些可能的特殊情况后，再从其他渠道进行二次调查。

案例 5-3 对于关键岗位入职者，如何做好背景调查？

2020年5月，某大型民营企业因财务经理离职，财务部的工作基本处于停滞状态，公司考虑调整人力资源部结构，预增设财务总监1名，直接向董事长汇报工作。经过与应聘者面谈，综合评估后，公司决定录用孙某。考虑到本岗位是公司的高层管理岗位，即关键岗位，同时会接触部分公司内部信息，公司要求人力资源部对孙某进行背景调查。人力资源部主管征得孙某同意后，按孙某提供的联系方式进行了解，发现孙某的工作履历基本属实。入职后，公司发现孙某无法胜任本职工作，而且得知孙某的工作经历有虚构。

请问:人力资源部如何做好背景调查呢?

【解析】背景调查通常用于公司关键岗位、核心岗位、管理人员入职前的最后审查,通过对面试人员的工作信息收集、确认,确保候选人员能够完全胜任目标岗位。背景调查的内容包括:候选人的入离职时间,工作岗位,具体工作职责,工作的责任心、配合度等,通常通过和候选人的直属上级,以及人力资源部来确认。为确保背景调查内容属实,一般会通过多人来确认。部分行业做背景调查时,为确认员工的工作经历、行业背景,至少会对员工的近两家公司进行访问。

本案例中,由于人力资源部按孙某提供的电话进行背景调查无法保证调查内容的真实性、有效性,所以,HR做背景调查时,应要求候选人提供直属上级、人力资源部的联系电话。

【答疑解惑】

问1:入职前背景调查与入职后背景调查有何不同?

【解答】

(1)入职前背景调查。大部分背景调查是用人单位在录用候选人之前进行的调查,称为入职前背景调查。但是这个间隙时间比较短,不能很快完成背景调查,候选人还有可能因为等待时间长而转向其他公司,导致用人单位失去优秀的人才。

(2)入职后背景调查。入职后背景调查则是在员工加入公司之后进行的调查。在员工入职后、试用期之内进行。一般来说,企业试用期为1~3个月,这段时间完全能够进行充分的背景调查,也不用担心失去优秀的员工。但是由于已经与员工签订劳动合同,而且员工已经实际到公司工作,一旦发现有造假情况,公司辞退该员工会冒比较大的法律风险。如果该员工存在职业道德上的问题,将给公司带来更大损失。

问2:HR进行背景调查时应注意哪些问题?

【解答】HR在进行背景调查的时候,要提前收集信息,准备好调查表,同时注意以下一些问题。

（1）事先通知应聘者。HR 在进行背景调查前，应先告知应聘者，并要求其提供相关的必要信息，如前公司的电话、前直接主管的职位和联系方式等。这项内容可以列入应聘申请表中，让应聘者填写工作申请表时涵盖工作经历等信息。

（2）根据不同职位使用适合的背景调查方法。背景调查的精度取决于招聘岗位本身的职责水平，责任较大的岗位要求进行准确、详细的调查，比如，对于管理人员、重要的职能及关键岗位，甚至可以启用中介公司进行深入的调查。如果是一般职位的员工，只需根据提供的联系方式致电前任公司进行调查。

需要注意的是，背景调查主要是对应聘者工作情况相关方面的调查，而无关的特别是涉及个人隐私的问题要坚决避免，同时还要做好书面形式的记录，以作为是否录用该应聘者的依据。

（3）背景调查内容应以简明、实用为原则。内容简明是为了控制背景调查的工作量，降低调查成本，缩短调查时间，以免延误上岗时间而使用人部门人力吃紧，影响业务开展。同时，一些优秀人才往往几家企业互相争夺，长时间的调查会给竞争对手制造机会。实用是指调查的项目必须与工作岗位需求高度相关，避免查非所用，用者未查。

（4）遇到不一致的信息，不要轻易下结论。HR 在背景调查过程中，要注意分辨通过背景调查得到的关于应聘者的各种信息，这些信息既有客观情况，也有诸如关于应聘者的性格等主观性较强的内容。由于有些调查结果的主观程度较强，在决定是否录用时，要谨慎使用这些调查结果。对背景调查的信息应综合分析再下定论，尽量使所下结论的依据更充分，不宜草率作论断。因此，HR 对信息要有辨别力，不可不信，但又不可盲目相信。

问 3：企业中需要做背景调查的岗位有哪些?

【解答】企业中需要做背景调查的岗位如下：

（1）具有一定技术能力或研发成果的技术、研发、工艺岗位。

（2）具有一定客户资源或曾获业绩的销售岗位。

（3）具有一定管理能力或绩效的中高层管理岗位。

第三节　笔试的设计与应用

一、应聘笔试的概念和种类

应聘笔试又称纸笔测试或纸笔测试法，是采用笔试测验的方法对应聘人员进行初次选拔的活动过程。

笔试以纸笔、文字为介质，让应聘者动手、动脑回答提问，这正是它与面试等其他测试方法的最重要区别之一。笔试的优点如图 5-4 所示。

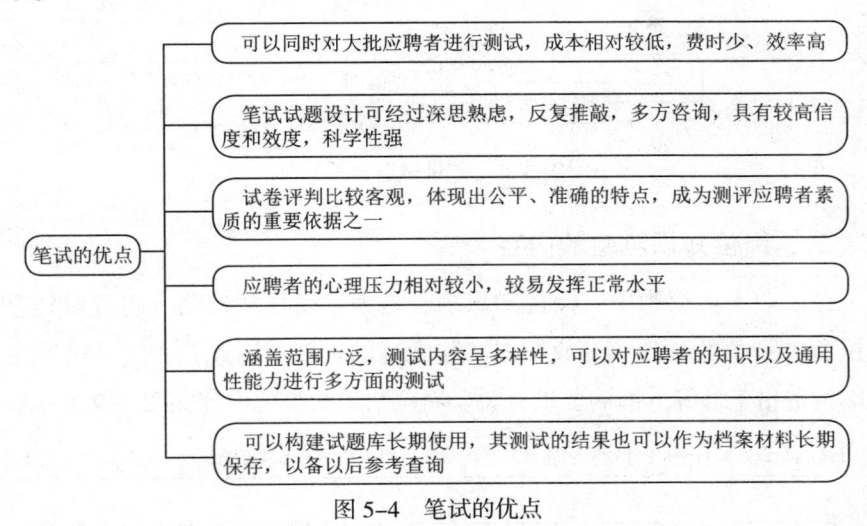

笔试的优点：
- 可以同时对大批应聘者进行测试，成本相对较低，费时少、效率高
- 笔试试题设计可经过深思熟虑，反复推敲，多方咨询，具有较高信度和效度，科学性强
- 试卷评判比较客观，体现出公平、准确的特点，成为测评应聘者素质的重要依据之一
- 应聘者的心理压力相对较小，较易发挥正常水平
- 涵盖范围广泛，测试内容呈多样性，可以对应聘者的知识以及通用性能力进行多方面的测试
- 可以构建试题库长期使用，其测试的结果也可以作为档案材料长期保存，以备以后参考查询

图 5-4　笔试的优点

当然，笔试与其他测试方法技术一样，也存在一定的局限性，如图 5-5 所示。

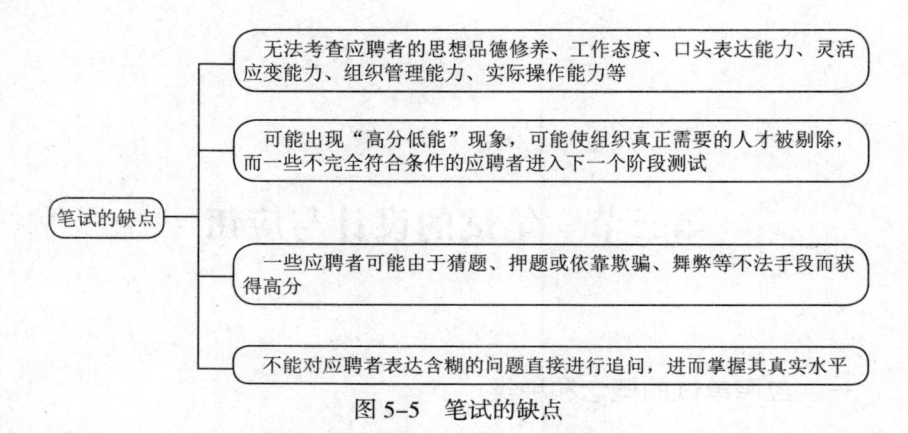

```
         ┌─ 无法考查应聘者的思想品德修养、工作态度、口头表达能力、灵活
         │   应变能力、组织管理能力、实际操作能力等
         │
         ├─ 可能出现"高分低能"现象，可能使组织真正需要的人才被剔除，
笔试的缺点 │   而一些不完全符合条件的应聘者进入下一个阶段测试
         │
         ├─ 一些应聘者可能由于猜题、押题或依靠欺骗、舞弊等不法手段而获
         │   得高分
         │
         └─ 不能对应聘者表达含糊的问题直接进行追问，进而掌握其真实水平
```

图 5-5　笔试的缺点

从表现形式来看，笔试可以采用选择题、是非题、匹配题、填空题、简答题、综合分析题、案例分析题以及撰写论文等多种试题形式。

从试题的内容来看，笔试试题的类型如图 5-6 所示。

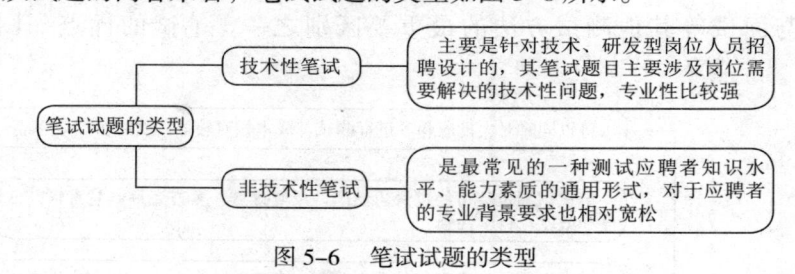

```
           ┌─ 技术性笔试 ── 主要是针对技术、研发型岗位人员招
           │                聘设计的，其笔试题目主要涉及岗位需
笔试试题的类型 │                要解决的技术性问题，专业性比较强
           │
           └─ 非技术性笔试 ─ 是最常见的一种测试应聘者知识水
                            平、能力素质的通用形式，对于应聘者
                            的专业背景要求也相对宽松
```

图 5-6　笔试试题的类型

二、岗位知识测验的内容

在企业人员招聘中，岗位知识测验是为了衡量和检测应聘者对其应聘岗位所应具备的基础和专业知识实际掌握的程度。因此，其笔试内容主要与岗位资格条件等方面的要求有关。岗位知识测验的内容如图 5-7 所示。

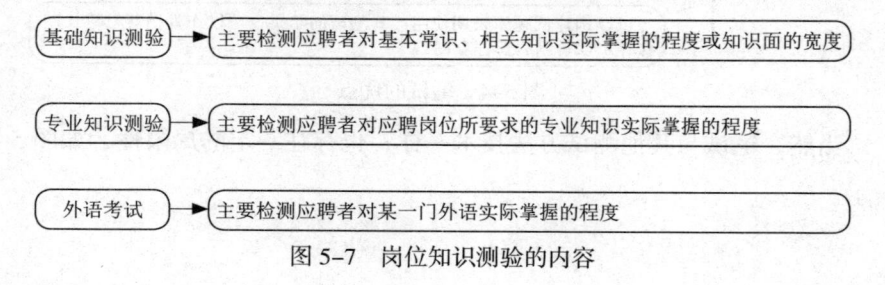

基础知识测验	→ 主要检测应聘者对基本常识、相关知识实际掌握的程度或知识面的宽度
专业知识测验	→ 主要检测应聘者对应聘岗位所要求的专业知识实际掌握的程度
外语考试	→ 主要检测应聘者对某一门外语实际掌握的程度

图 5-7　岗位知识测验的内容

三、笔试设计与应用的基本步骤

笔试设计与应用的步骤如图 5-8 所示。

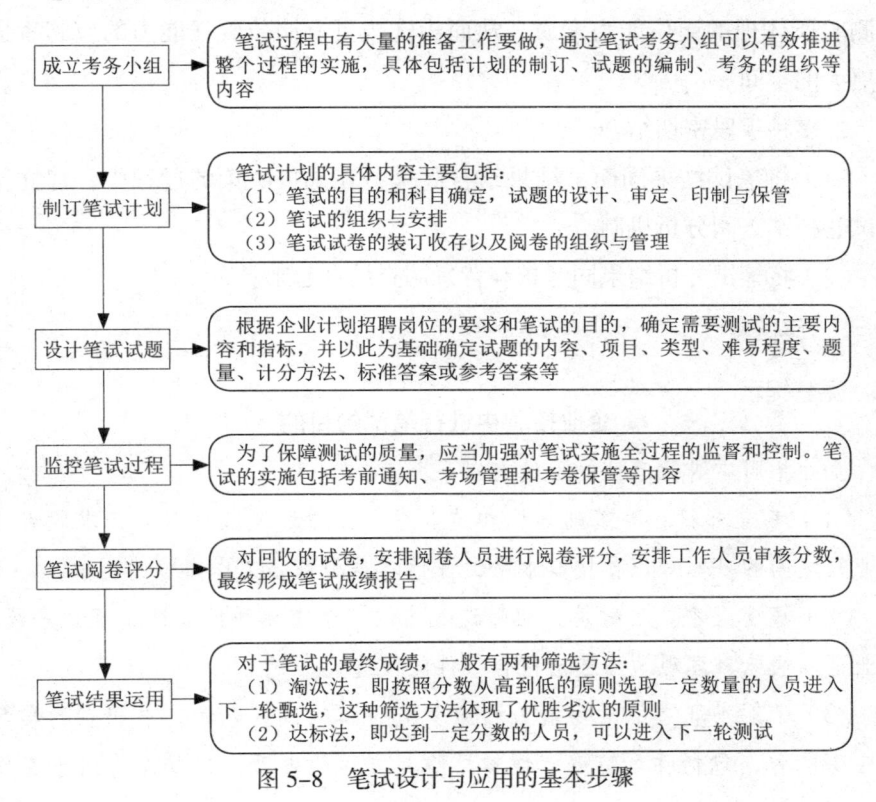

成立考务小组	笔试过程中有大量的准备工作要做，通过笔试考务小组可以有效推进整个过程的实施，具体包括计划的制订、试题的编制、考务的组织等内容
制订笔试计划	笔试计划的具体内容主要包括： （1）笔试的目的和科目确定，试题的设计、审定、印制与保管 （2）笔试的组织与安排 （3）笔试试卷的装订收存以及阅卷的组织与管理
设计笔试试题	根据企业计划招聘岗位的要求和笔试的目的，确定需要测试的主要内容和指标，并以此为基础确定试题的内容、项目、类型、难易程度、题量、计分方法、标准答案或参考答案等
监控笔试过程	为了保障测试的质量，应当加强对笔试实施全过程的监督和控制。笔试的实施包括考前通知、考场管理和考卷保管等内容
笔试阅卷评分	对回收的试卷，安排阅卷人员进行阅卷评分，安排工作人员审核分数，最终形成笔试成绩报告
笔试结果运用	对于笔试的最终成绩，一般有两种筛选方法： （1）淘汰法，即按照分数从高到低的原则选取一定数量的人员进入下一轮甄选，这种筛选方法体现了优胜劣汰的原则 （2）达标法，即达到一定分数的人员，可以进入下一轮测试

图 5-8　笔试设计与应用的基本步骤

四、笔试结果深层次的开发与应用

在选拔应聘者的过程中，企业在多数情况下，将笔试结果作为面试门槛分数线，没有对笔试结果进行更深层次的开发与应用。因此，可以从以下两个方面提高其被开发与利用的程度。

1. 改进选拔录用方式

（1）逐轮淘汰法，即通过资格审查、笔试、面试、背景审核等逐轮淘汰应聘者，最终胜出的才能成为录用的候选人。

（2）比例合分法，即应聘者通过资格审查后，全部进入笔试、面试和综合考查，然后将笔试、面试和综合考查成绩按一定比例合成综合分，成

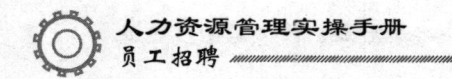

绩最优者才能成为录用的候选人。

（3）将逐轮淘汰制和比例合分制有机结合起来，深层次开发应聘者笔试测验所体现的岗位能力素质，从而为选拔具有岗位胜任能力的应聘者提供更大的空间。

2. 多种手段密切结合

（1）将笔试结果同面试结果结合起来，在选拔决策的过程中，建立笔试试卷档案查阅分析机制。

（2）将笔试分析结果同考核与背景调查结合起来。

温馨提示

企业招聘中进行笔试的目的

企业招聘中进行笔试的目的有以下五点：

（1）考查求职者的基础知识和技能水平。通过笔试可以考查求职者在专业领域内的基本知识和技能水平，评估其是否符合工作岗位的要求。

（2）筛选人才。笔试是企业筛选人才的一个重要手段。通过笔试分数，企业可以快速、客观地筛选出符合条件的候选人。

（3）了解求职者的学习能力和应变能力。笔试可以考查求职者的学习和应变能力，包括临场应变、逻辑思维等方面的表现，这些能力对于工作能力的提升和未来发展都至关重要。

（4）帮助企业制订面试计划。笔试结果可以为企业制订面试计划提供依据，帮助企业更好地把握面试环节，选出最佳人选。

（5）为后续教育培训提供参考。笔试成绩可以为企业制订合理的培训计划提供参考，帮助员工进行专业技能提升和职业规划。

第六章
招聘面试并不难

第一节　面试概述

一、面试的概念

面试是指在特定的时间和地点，由面试考官与应聘者按照预先设计好的目的和程序，进行面谈、相互观察、相互沟通的过程。通过面试，可以了解应聘者的经历、知识、技能和能力。它主要用于员工的终选阶段，也可用于员工的初选和中选阶段。面试的特点如图 6-1 所示。

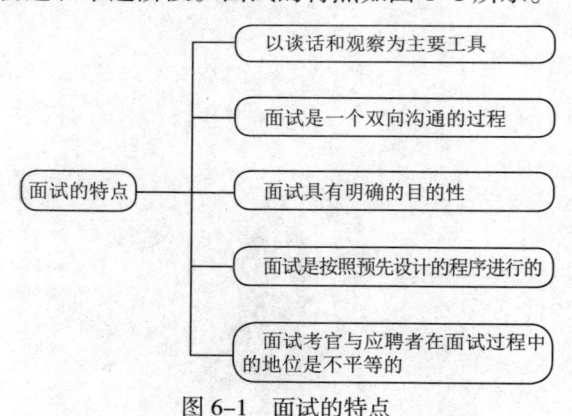

```
                  ┌─ 以谈话和观察为主要工具
                  │
                  ├─ 面试是一个双向沟通的过程
                  │
面试的特点 ───────┼─ 面试具有明确的目的性
                  │
                  ├─ 面试是按照预先设计的程序进行的
                  │
                  └─ 面试考官与应聘者在面试过程中
                     的地位是不平等的
```

图 6-1　面试的特点

二、面试的类型

面试的类型如表 6-1 所示。

表 6-1　面试的类型

分类标准	种类	内容
按标准化程度划分	结构化面试	又称规范化面试，是指依照预先确定的题目、程序和评分标准进行面试，要求做到程序的结构化、题目的结构化和评分标准的结构化

续表

分类标准	种类	内容
按标准化程度划分	非结构化面试	是指在面试中事先没有固定的框架结构,也不使用有确定答案的固定问题的面试
	半结构化面试	是指介于结构化与非结构化之间的一种面试形式
按实施方式划分	单独面试	又称序列化面试,是指面试考官与每一个应聘者单独交谈的面试形式
	小组面试	又称同时化面试,指面试考官同时对若干个应聘者(应聘者小组)进行面试的形式
按进程划分	一次性面试	是指用人单位将应聘者集中在一起一次性完成的面试
	分阶段面试	是指用人单位分几次对应聘者进行面试
按题目内容划分	情景性面试	即给定一个情境,看应聘者在特定的情境中是如何反应的
	经验性面试	主要提问一些与应聘者过去的工作经验有关的问题

三、面试的基本程序

面试的基本程序如表 6-2 所示。

表 6-2　面试的基本程序

项目	内容
准备阶段	制定面试指南。面试指南是促使面试顺利进行的指导方针,一般以书面形式呈现,主要包括:面试团队的组建;面试准备;面试提问分工和顺序;面试提问技巧;面试评分办法
	准备面试问题。包括:确定岗位才能的构成和比重;提出面试问题
	评估方式确定。包括:确定面试问题的评估方式和标准;确定面试评分表
	培训面试考官。培训内容包括提问的技巧、追问的技巧、评价标准的掌握等
实施阶段	关系建立阶段。面试考官应从应聘者可以预料到的问题开始发问,以消除应聘者的紧张情绪,创造轻松、友好的氛围,为下一步的面试沟通做好准备
	导入阶段。面试考官应提问一些应聘者一般有所准备的、比较熟悉的题目,以进一步缓解应聘者的紧张情绪,为进一步的面试做准备
	核心阶段。面试考官通常要求应聘者讲述一些关于核心胜任力的事例,面试考官将基于这些事实做出基本的判断,对应聘者的各项核心胜任能力做出评价,为最终的录用决策提供重要的依据
	确认阶段。面试考官应进一步对核心阶段所获得的信息进行确认,常采用一些开放性的问题

续表

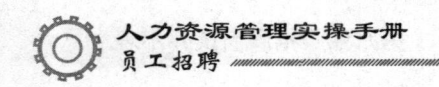

项目	内容
实施阶段	结束阶段。在面试结束之前，面试考官完成了所有预计的提问之后，应该给应聘者一个机会，询问应聘者是否还有问题要问，是否还有什么事项需要加以补充说明；如果对某一对象是否录用有分歧意见，不必急于下结论，可安排第二次面试
总结阶段	综合面试结果。综合评价，这项工作可以在综合评价表上完成。面试结论，具体步骤如下：根据面试评价汇总表的平均分，对应聘者进行综合评价；对全部应聘者进行比较；将岗位条件和应聘者的实际情况作比较，应特别重视那些和应征岗位最为密切的评价项目
	面试结果反馈。指将面试的评价建议通知给用人部门，经协商后，做出录用决策，并通知应聘者的过程
	面试结果存档。以上工作全部结束后，应将有关面试的资料备案
评价阶段	面试结束后，应回顾整个面试过程，总结经验，为下一次的面试设计做准备

四、面试中的常见问题

面试中的常见问题有：

1. 面试目的不明确

在面试前，面试考官应考虑：通过本次面试，要达到什么目的；面试的重点是什么；要不要先向应试者介绍工作岗位的真实情况；允许应聘者提问吗；等等。

2. 面试标准不具体

许多面试考官把重点放在问一些能使他们洞悉应聘者是否能够成功的问题。可是在很多情况下，对于究竟是什么原因能使他们获得成功并不明确。对任何一个岗位来说，重要的是胜任工作的才能。

3. 面试缺乏系统性

面试的系统性要求设计出结构完整的面试流程，各个流程之间应密切联系。

4. 面试问题设计不合理

（1）直接让应聘者描述自己的能力、特点、个性问题。这种类型题目的答案难以为面试考官提供有价值的信息，因为面试考官无从验证应聘者的回答是否是真实的。

（2）多项选择式的问题。提出这样的问题意义不大，应该将其改为开放式或行为式问题。

5. 面试考官有偏见

面试考官的偏见如图 6-2 所示。

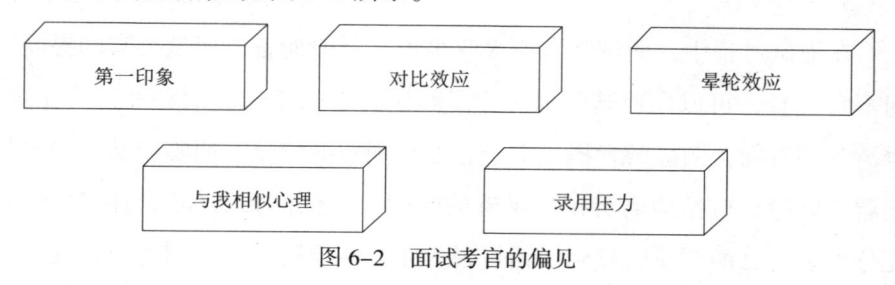

```
┌──────────┐   ┌──────────┐   ┌──────────┐
│  第一印象 │   │  对比效应 │   │  晕轮效应 │
└──────────┘   └──────────┘   └──────────┘

┌──────────────┐   ┌──────────┐
│  与我相似心理 │   │  录用压力 │
└──────────────┘   └──────────┘
```

图 6-2　面试考官的偏见

五、面试实施技巧

面试实施技巧如图 6-3 所示。

```
                      ┌─ 进行阶段性总结
          ┌─ 充分准备  ├─ 排除各种干扰
          ├─ 灵活提问  │
面试实施技巧├─ 多听少说 ├─ 不要带有个人偏见
          └─ 善于提取要点├─ 倾听的同时注意思考
                      └─ 注意肢体语言沟通
```

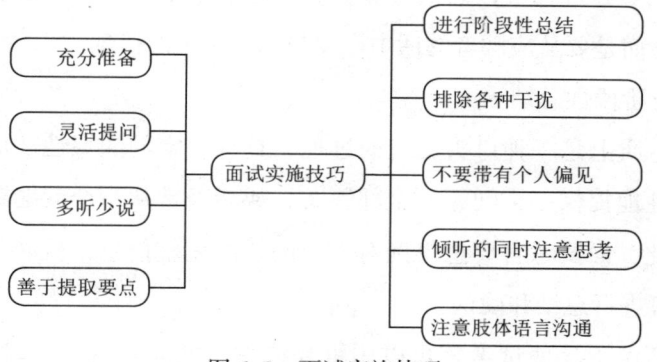

图 6-3　面试实施技巧

1. 充分准备

面试前应做的准备包括：明确面试的目的，设计结构完整的面试，同时针对面试的每一步设计合理的问题，制定科学的评价标准，以及对面试工作人员进行培训，并尽可能在面试前做好准备，采用结构完整的面试。

2. 灵活提问

在面试过程中，应察言观色，认真观察应聘者的行为与反应。同时，还要对所提的问题、问题之间的变换、提问的时机以及对方的答复等多加关注，尽可能采用灵活的提问方式，进行多样化的信息交流。所提问题可根据简历或应聘申请表中发现的疑点，先易后难逐一提出，尽量创造和谐

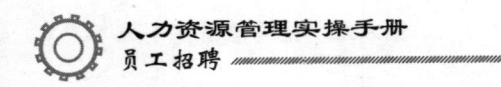

自然的环境。

3. 多听少说

在面试过程中，面试考官应多听少说。一般而言，面试考官的提问时间不宜过长，可以向应聘者提问，了解应聘者的工作经历和取得的业绩，澄清某些疑问，向应聘者提供关于企业和岗位的信息，回答应聘者提出的问题。同时，应给应聘者留出足够的时间，让他们具体详细地回答提问，充分发表自己的意见，直到无话可说为止。在应聘者回答问题时，面试考官应该全神贯注地倾听，不要发表任何结论性意见。

4. 善于提取要点

在面试实施过程中，面试考官应做一定的记录，但没有必要一字一句地记下来，而是要从应聘者的话中提取与工作相关的信息。

5. 进行阶段性总结

面试本质上是一种口头交流的过程，具有一定的随意性，应聘者常常不能一次性地提供一个问题的全部答案，或者经常从一个问题跳到另一个问题，因此，面试考官要想得到对一个问题的完整信息，就必须善于对应聘者的回答进行总结和确认。

通常情况下，面试考官可以用重复或总结的方式确认应聘者的回答。例如，"刚才你讲到你的主要工作职责有三项：一是管理公司的一些上传下达的文件，二是帮助总经理撰写一些文件，请问剩下的一项是什么？"

6. 排除各种干扰

面试考官通常会选择安静的地点进行面试，尽量避免面试过程受到干扰，但在实施过程中仍可能会遇到一些干扰，例如，办公室外面有人讲话，电话铃突然响了等。无论发生什么情况，面试考官都应该集中注意力，认真倾听应聘者的谈话。

7. 不要带有个人偏见

面试考官在面试过程中或多或少会带有个人偏见，如不喜欢应聘者的长相或穿着，或者觉得应聘者的声音比较怪等。这些偏见会影响面试的效果，应尽量避免。

8. 倾听的同时注意思考

面试考官应该在倾听的同时注意思考。比如，可以分析一下应聘者所说的话，可以对比应聘者前后语言的一致性和逻辑性，可以思考下一个要问的问题，也可以观察应聘者的肢体语言，做一些笔记等。这有利于面试的有效进行。

9. 注意肢体语言沟通

肢体语言是语言的有效补充，在面试中不仅传递了语言信息，还传递了肢体语言信息。在不同的环境中，不同的肢体语言有不同的含义，如表6-3所示。

表6-3　肢体语言信息的含义

肢体语言	典型含义
目光接触	友好、真诚、自信、果断
不做目光接触	冷淡、紧张、害怕、说谎、缺乏安全感
摇头	不赞同、不相信、震惊
打哈欠	厌倦
搔头	迷惑不解、不相信
微笑	满意、理解、鼓励
咬嘴唇	紧张、害怕、焦虑
跺脚	紧张、不耐烦、自负
双臂交叉在胸前	生气、不同意、防卫、进攻
抬一下眉毛	怀疑、吃惊
眯眼睛	不同意、反感、生气
鼻孔张大	生气、受挫
手抖	紧张、焦虑、恐惧
身体前倾	感兴趣、注意
懒散地坐在椅子上	厌倦、放松

续表

肢体语言	典型含义
坐在椅子边缘上	焦虑、紧张、有理解力的
摇椅子	厌倦、自以为是、紧张
驼背坐着	缺乏安全感、消极
坐姿笔直	自信、果断

另外,心理学家研究发现,在人的面部表情上,厌恶主要表现在人的鼻子、下颌和嘴上,恐惧主要表现在眼睛上,悲伤主要表现在眉毛、嘴和眼睛上,生气主要表现在前额和眉毛上,而吃惊则可以表现在脸部的任何部位。

不过,肢体语言的情境性强,不同员工在同一情境下的同一肢体语言传递的信息不一定相同,同一员工在不同情境下的同一肢体语言传递的信息也不尽相同,因此,面试考官可以参考肢体语言传递的信息,但却不能单纯地根据肢体语言信息得出结论,而应在接下来的面试提问中收集更多的有用信息,并进一步作出验证和判断。

温馨提示

企业怎样提高面试的有效性?

企业提高面试有效性的方法有如下几点:

(1)制订面试计划。面试考官在面试之前,先制订一个面试计划。这有助于确保每位应聘者都得到同样的机会,从而提高评估准确性。

(2)制定明确的评估标准。面试考官在面试之前,应该明确需要评估的标准,包括必需的技能、能力和资质等。这有助于确保所有应聘者都按照同样的标准进行评估。

(3)尽可能多地收集信息。除了面试,面试考官还可以通过其他方式收集关于应聘者的信息,如参考信、推荐信、工作经历记录等。这可以为评估提供更多信息,以便做出更好的决策。

(4)采用不同类型的面试问题。采用不同类型的问题,如开放式、封闭式、行为描述式等,可以了解应聘者的不同方面,从而获得更多信息。

（5）提供反馈和建议。向应聘者提供反馈和建议，无论他们是否获得了职位，这有助于他们改进并提高自己的表现。

（6）进行培训和发展。为面试考官提供相关培训和发展的机会，以提高其面试的技能和知识水平。这有助于他们更好地评估应聘者，并做出更好的决策。

（7）持续改进。定期评估面试流程和程序，以发现潜在问题并改进。这可以提高面试过程的有效性，并确保招到优秀的候选人。

案例 6-1　如何提高面试邀约的成功率？

某培训机构人力资源部员工孙某，已经做了两年多的招聘工作，在平时的招聘工作中经常遇到应聘者答应来面试，结果没来的情况。有些应聘者还需要协调公司高管进行面试，结果该应聘者未到场，浪费了领导的时间。为此，孙某没少挨批评。为解决这个问题，孙某对部分约而不到的人员进行了电话回访，有的应聘者对公司招聘的职位不了解，有的认为交通不便，还有的表示对面试流程不了解。

请问：孙某邀约成功率低的原因有哪些？如何改善现状？

【解析】面试邀约，是企业经过简历筛选后对候选人员发出正式的面试邀请。用人单位在人才市场中处于主动的地位，但是为了招揽优秀的求职者，依然需要表现出对人才的尊重。从开始电话邀约其面试，就要力图保持对候选求职者的吸引力。

面试邀约不成功，原因除了公司的知名度、公司的地点和职位，更多的是用人单位的面试邀约技巧，还有面试安排、沟通技巧。做好面试邀约，往往能够提高面试成功率。

本案例中，孙某应该分析面试邀约的过程、沟通技巧，并改进相关做法。

（1）建议做好电话沟通，明确岗位职责和工作要求，了解应聘者的意愿。

（2）确认初试的具体时间和地点、面试人员安排（尤其是领导面试）。

（3）将公司的一些相关信息以邮件形式发送至应聘者邮箱再做答复。

（4）预约复试的时间、地点和面试人。

（5）正式面试前，再做一次沟通确认。

以上是改进面试流程、提高面试邀约成功率的主要办法。通过对整个面试邀约过程环节的设计和优化，能够提高邀约的成功率。

案例 6-2　如何与未赴约候选人再次沟通？

某公司的一次面试，HR 一共邀约了 30 位候选人，实际只来了 10 人。在未来面试的 20 人中，有 5 人是在 HR 打电话邀约或者打完电话不久主动告知不来参加面试的。其余 15 人是 HR 通知了他们来面试，但他们未到场，同时也没有主动告知不来面试的原因。HR 准备再联系候选人询问未赴约面试的原因。

请问：HR 应该如何与未赴约候选人再次沟通？

【解析】HR 在询问候选人为什么没有如约面试的时候要注意自己的情绪，不要抱着怨恨的态度和对方通话。电话里的语气要平缓，说明只是想了解一下情况，没有其他意思。这里问候选人为什么没来，不是了解他们没有来的原因本身，而是了解他们不来的背后信息，如企业有哪些不足之处。HR 通过了解这些问题，可以增加一些针对性的流程、话术或者技巧。持续这样做之后，HR 在今后面试邀约的时候，面试赴约率就会相应地提高。

问 1：如何应对候选人临时有事的情况？

【解答】当候选人临时有事不能参加面试或面试后续流程时，HR 可以采取以下应对措施：

（1）HR 联系候选人询问具体情况。尊重候选人的隐私，但需要了解具体情况，以便安排后续时间和流程。

（2）给予合理的延期。考虑候选人的情况，给予合理的延期，如延长面试时间、延迟面试时间等，同时强调公司对候选人的重视。

（3）提供备用时间。如果候选人不能在原定时间参加面试，可以提供备用时间选择，让候选人选择适合自己的时间。

（4）表达理解和支持。在联系中表达出理解和支持，显示出公司的人文关怀，同时提高候选人的好感度。

总之，当候选人临时有事不能参加面试或面试后续流程时，HR需要及时联系候选人，并根据实际情况灵活应对，同时保持良好的沟通和理解态度。

问2：如何应对候选人求职意向不强的情况？

【解答】如果候选人求职意向不强，这时候，HR要反思这样的候选人真的是我们需要的人才吗？

在与候选人进行面谈或电话沟通，了解他们的求职动机、期望和优势时，如果HR已经发现对方的求职意向不是很明显，则没必要再约他来面试；如果HR发现企业提供的岗位和候选人的个人要求差别比较大，也不需要想尽办法让他来。因为即使他来了，最后他不选择企业的可能性也非常大。

总而言之，HR不需要把精力放在那些没有诚意的候选人身上。当然，企业定向地要从别的企业挖人才，或者找那种已经开始从事自由职业或者创业状态的特殊人才除外。

第二节 结构化面试的组织与实施

一、结构化面试试题的类型

面试试题通常涉及教育、培训、工作经历、职业发展、自我评价、家庭背景、求职动机、专业知识和技能等方面，具体如表6-4所示。

表 6-4 结构化面试试题的类型

类型	内容
背景性问题	关于应聘者的个人背景、家庭背景、教育背景和工作背景等方面的问题
知识性问题	与应聘者的应聘岗位相关的基本知识
思维性问题	旨在考查应聘者的理解、分析、辨别、综合、评价和推断的能力
经验性问题	关于应聘者过去所做的事情的问题
情境性问题	将应聘者置于一个假设性的情境中,让应聘者设想自己在这样的情境下会怎样做
压力性问题	将应聘者置于一个充满压力的情境中,观察其反应,以对其情绪稳定性、应变能力等进行考查
行为性问题	围绕与工作相关的关键胜任能力来提问,面试考官需从应聘者对于一些关键行为事例的描述中提取其胜任特征

二、基于选拔性素质模型的结构化面试的步骤

基于选拔性素质模型的结构化面试的步骤如表 6-5 所示。

表 6-5 基于选拔性素质模型的结构化面试的步骤

步骤	内容
构建选拔性素质模型	(1) 组建测评小组,测评小组应包含公司高层管理人员、人力资源管理人员、招聘岗位所在部门的主管、招聘岗位的资深任职者,并对测评小组进行培训 (2) 从招聘岗位的优秀任职人员中选出一定的人员组成测验样本 (3) 对测验样本进行人格测验,总结各个被测人员的素质特征 (4) 将测评结果进行综合,列出招聘岗位选拔性素质表 (5) 将岗位选拔性素质表中的各个素质进行分级,绘制选拔性素质线,构建选拔性素质模型
设计结构化面试提纲	(1) 将选拔性素质模型分解为一组选拔性素质,每一个选拔性素质就是一个测评指标 (2) 请专家针对每一个测评指标设计出一系列问题,并对这些问题进行修改完善,形成问卷 (3) 将问卷发放给该岗位的部分员工进行预先测试,检验其有效性 (4) 编写结构化面试大纲
制定评分标准及等级评分表	以测评指标的等级为横坐标,以选拔性素质水平线与选拔性素质等级的交点为零点,给指标的各个等级赋予相应的分数,分数越趋于零,候选人与岗位拟合得越好
培训结构化面试考官,提高结构化面试的信度和效度	(1) 要求面试考官具有相关的专业知识,了解组织状况和岗位要求,清楚每一个测评指标、测评标准、问卷题目及相关的背景信息 (2) 要求面试考官有丰富的社会工作经验,善于观察,能客观地记录应聘者在面试过程中的各种反应,把握应聘者的特征 (3) 要求面试考官掌握相关的员工测评技术,能熟练运用各种面试技巧,随机应变,把握面试的发展方向,有效地控制面试局面 (4) 要求面试考官具有良好的个人品德和修养,能保持和善、公正,避免评价偏差,遵守打分规则,确保应聘者机会平等

续表

步骤	内容
结构化面试及评分	根据应聘者对每一个问题的行为反应，结构化面试考官利用指标等级评分表对其进行评分，评分结果汇总于等级评分表中
决策	参照模型指标等级得分情况，对比岗位和候选员工的选拔性素质水平线，为招聘、选拔、安置和晋升进行"人—岗位—组织"匹配的决策

三、结构化面试的开发

由于企业外部环境的变化和企业本身的发展，企业对任职者的要求发生变化，需要对选拔性素质模型进行调整，对结构化面试进行开发。结构化面试的开发包括：测评标准的开发，即选拔性素质模型的构建；结构化面试问题的设计；评分标准的确定。其开发模式如图6-4所示。

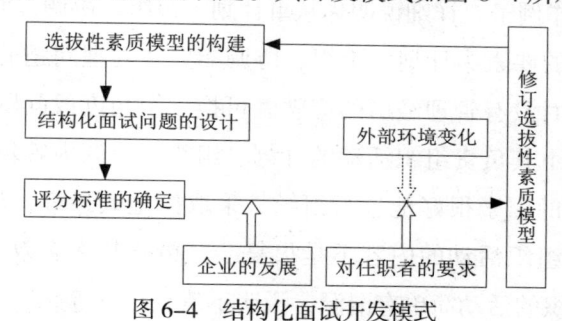

图6-4 结构化面试开发模式

四、结构化面试应用举例

（1）你对要报考或应聘的单位了解多少？是通过什么渠道知道的？

此题所测的要素为语言表达能力，并为深入了解求职动机、工作能力等收集信息，题型是背景性题目。这类题目的目的有：一是让应聘者心理放松，能够自然进入面试情境；二是作为面试的最初探查，了解应聘者是否有备而来；三是收集话题，为深入面试提供引导；四是核实应聘者的某些背景信息。应聘者回答言语清晰、流畅，表达内容层次分明，富有逻辑性，可评为上等；应聘者回答言语通顺，表达内容条理基本分明，评中等；应聘者回答结巴，言语表达不清、累赘，表达内容没有条理，缺乏逻辑性，评下等。

（2）你有个朋友生病在家，你带着礼物前去看望，偏巧在楼道里遇见了你领导的爱人，对方以为你是来看你领导的，收下礼物并连连道谢，这时你如何向对方说明你的真正来意，又不伤害对方的面子？

　　此题所测的要素为应变能力，题型是情境性题目，使应聘者面临一种微妙、棘手、有压力的情境，观察应聘者思维的敏捷、周密、机智、灵活的程度及情绪的稳定性。应聘者回答情绪稳定，思维敏捷，设想得体，可评为上等；应聘者回答情绪基本稳定，设想基本得体，评中等；应聘者回答不知所措、窘迫、紧张，或设想的言行不得体，甚至让对方下不了台，评下等。

　（3）从你的自我介绍中知道你做过管理工作，能否请你举一个你认为管理成功的工作例子，详细说明你从事计划、组织、协调方面的情况？

　　此题所测的要素为计划、组织、协调能力及处理问题的风格，题型是行为性问题，对没有管理经历的应聘者可换一个角度或问题了解。应聘者所举的例子中由其负责组织活动的计划、组织、协调内容较复杂，应聘者能综合各方面的因素很好地进行组织，采取措施效果好，说明层次清楚，可评为上等；组织活动的内容不是很复杂，措施基本有效，说明有条理，评中等；所组织的活动简单有漏洞，说明不清，评下等。

　（4）随着经济的发展，环境污染日益成为百姓关注的问题。你对环境与发展的关系有什么见解？

　　此题所测的要素为综合分析能力，题型是思维性问题，重点了解应聘者对热点问题的关注程度，测试日常观察问题的能力，思考问题的深度，有没有独立的见解，知识面是否宽广，思想是否成熟，而非让应聘者发表专业性意见。

　（5）《红楼梦》中你最喜爱的人物是哪一位？作者塑造的这一人物的个性是什么？

　　此题所测的要素为形象思维能力，属于专业素质，适用于新闻出版文字评论方面的岗位，不属于测试公共素质的范畴，题型是知识性题目。对于报考某种专业岗位的应聘者，了解他们专业方面的意识和能力很有必要，同上一题相反，需要应聘者发表专业性的见解，没有专业方面的意识和能力，说明应聘者胜任不了这类专业性较强的岗位。

（6）如果报酬等条件相当，任你选择，你更倾向于在一线生产岗位，还是在科室当一名办事员？

此题所测的要素为求职动机与拟任岗位的匹配性，题型是意愿性题目，提问方式是迫选，强迫应聘者在选择比较中表现出真实的特点。应聘者怎样选择都无所谓对错，不同的选择反映了不同应聘者的个性，但评价时应以与拟任岗位的匹配程度来决定等级和分值。

（7）如果在工作中，你的上级非常器重你，经常分配给你一些属于别人职权范围内的工作，对此同事对你颇有微词，你将如何处理这类问题？

此题所测试的要素为人际交往的意识和技巧，将应聘者置于两难境界，测评其处理上下级和同级权属关系的意识及沟通能力，题型是情境性问题。应聘者能从有利于工作和团结的角度考虑问题，积极、婉转、稳妥地说服领导改变主意，在工作中对同事的冷嘲热讽甚至过分的做法表现出较大的宽容，并进行适当的沟通，可以评为上等；感到为难，但又不好向领导提出来，怕辜负领导的信任，私下里能与有意见的同事进行沟通，希望消除误会，评中等；不感到为难，坚决执行上级交代的任务，并认为这是自己能力强的必然结果，评下等。

五、行为描述面试的概念

行为描述面试（Behavior Description Interview，BDI），是一种特殊的结构化面试，与一般的结构化面试的区别在于，它采用的面试问题都是基于关键胜任特征（或称胜任力，以下同）的行为性问题。这种面试方法在对目标岗位进行充分而深入分析的基础上，对岗位所需的关键胜任特质进行清晰的界定，然后从应聘者过去的经历中探测与这些要求相关的行为样本，在胜任特质的层次上对应聘者做出评价。

1. 行为描述面试的实质

一般来说，面试考官通过行为描述面试要了解两方面信息。一是应聘者过去的工作经历，判断他选择本企业发展的原因，预测他未来在本组织中发展所采取的行为模式；二是了解他对特定行为所采取的行为模式，并

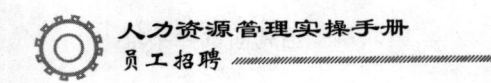

将其行为模式与空缺岗位所期望的行为模式进行比较分析。可见，行为描述面试的实质如下：

（1）用过去的行为预测未来的行为。

（2）识别关键性的工作要求。

（3）探测行为样本。

2. 行为描述面试的假设前提

（1）一个人过去的行为最能预示其未来的行为。一个人的行为是具有连贯性的，例如，一个经常迟到而名声不佳的人，下次开会又迟到，没人会感到惊讶。作为面试考官，提出的问题应该让应聘者用其言行实例来回答，通过了解应聘者过去工作经历中的一些关键细节来判断应聘者的能力，而不要轻信应聘者自己的评价。

（2）说和做是截然不同的两码事。与应聘者自称"通常在做"的、"老在做"的、"能够做"的、"可能会做"的或者"应该做"的事情相比，其过去实际行为的实例更为重要。即行为描述面试要注意了解应聘者过去的实际表现，而不是对未来表现的承诺。例如，一名应聘者说："我总是领导预算庞大的项目"。这番话能说明该应聘者确实做了些什么吗？什么也说明不了，直到应聘者举出某个项目的具体例子，能详细说明他所负的责任，并说明项目效果，你才能明白这一回答是什么意思。

3. 行为描述面试的要素

在进行行为描述面试时，面试考官应把握四个关键要素，如图6-5所示。

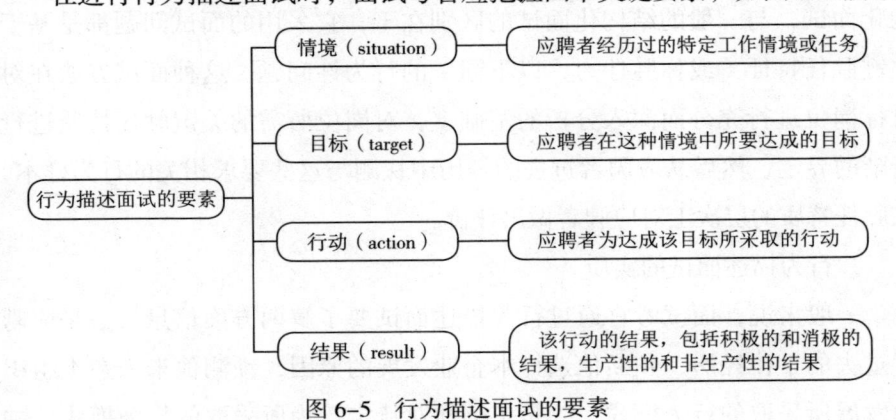

行为描述面试的要素
- 情境（situation）——应聘者经历过的特定工作情境或任务
- 目标（target）——应聘者在这种情境中所要达成的目标
- 行动（action）——应聘者为达成该目标所采取的行动
- 结果（result）——该行动的结果，包括积极的和消极的结果，生产性的和非生产性的结果

图6-5 行为描述面试的要素

六、行为描述面试应用举例

招聘岗位：人力资源总监助理

岗位职责：

（1）对应聘者进行面试，并将合适的候选人推荐给合适的部门。

（2）对将要录用的员工进行背景调查。

（3）帮助人力资源总监计划和实施每月一次的新员工培训计划。

（4）协助实施人力资源的政策与程序，向公司员工解释说明相关的政策问题。

（5）协助建立和完善岗位描述信息。

（6）协助实施组织的薪酬计划，监控薪酬提升，保证其符合报酬增长的原则。

设计行为描述面试问题（根据岗位职责）：

（1）根据"对应聘者进行面试，并将合适的候选人推荐给合适的部门"，可以设计以下问题：

① "请你讲一下组织中出现了岗位空缺之后，你是怎样添补这个空缺的？"

② "请举一个例子说明你是怎样对应聘者进行面试的。面试之前你要进行哪些准备活动？面试的过程是怎样的？你是怎样做出判断的？"

③ "你是否经常向用人部门的负责人推荐人选？请讲述某一次你所推荐的人选被用人部门拒绝的经历，你是怎样处理这件事情的？"

④ "请讲述一件事情，你录用了一个人，但经过一段时间的工作考察，发现这个人并不合适。你能分析一下你的录用决策，看看问题出在哪里吗？你从这件事情中吸取了哪些教训？"

⑤ "当你与用人部门的负责人在对一个候选人的判断上产生分歧的时候，你是怎样处理这件事情的？"

⑥ "能不能告诉我你所遇到的最难得出结论的候选人，具体情况是怎样的？你是怎样做的？"

（2）根据"对将要录用的员工进行背景调查"，可以设计以下问题：

①"请举一个例子说一下你是怎样对候选人进行背景调查的？过程是怎样的？"

②"通常你都会选取哪些人作为背景调查的对象？你是怎样与他们联系的？对不同的调查对象，你都会问他们什么问题？"

③"你是否遇到过在背景调查中得到关于候选人的负面评价的情况？这种情况你是怎样处理的？请举例说明。"

④"请给我们讲一下某一次你从两个被调查对象处得到关于候选人的不一致信息，你是怎样处理的？"

⑤"对于候选人在学校期间的表现记录，你是怎样证明的？请举例说明。"

（3）根据"帮助人力资源总监计划和实施每月一次的新员工培训计划"，可以设计以下问题：

①"请讲述一次你全过程参与的新员工培训的准备和实施过程。"

②"在新员工培训工作中，你觉得比较难做的有哪些？请分别举例说明。"

③"请讲述一下你在组织实施新员工培训过程中突然遇到的棘手事情，例如，已经确定好的讲师突然有事不能来了，讲义印刷出了问题以致不能及时地发放，教室的视听设备突然出现了故障，等等。你是怎样处理这类问题的？"

④"除你之外，通常还有谁和你一起准备新员工的培训工作？你们在工作中是怎样分工合作的？你在其中的角色是什么？"

⑤"你是怎样对学员进行管理的？这里面有什么印象深刻的事情吗？"

（4）根据"协助实施人力资源的政策与程序，向公司员工解释说明相关的政策问题"，可以设计以下问题：

①"你在实施和解释人力资源政策方面起到什么样的作用？具体地讲一下你在这方面都做过哪些工作？"

②"举一个例子说明一下，你是怎样为员工解释人力资源方面的政策的？"

③"你是否遇到过员工对你的解释感到不满意的时候？当时的情况是怎样的？你是怎么做的？"

④"请说明某一次一个员工向你提出挑战的例子，你是怎样应对的？"

⑤"你认为你们公司现行的人力资源政策和程序有什么问题吗？请具体解释一下。"

⑥"请你举例说明你为公司的人力资源政策和程序所提出的合理化建议。公司在采纳了你的建议以后，管理方面有什么变化？"

（5）根据"协助建立和完善岗位描述信息"，可以设计以下问题：

①"请你讲一下你是怎样实施工作分析、建立和完善岗位描述信息的？"

②"除你之外，是否有其他人和你一起实施工作分析、建立和完善岗位描述信息？"

③"你和其他人在工作分析过程中是怎样一起开展工作的？你在这项工作中的角色是怎样的？"

④"在建立和完善岗位描述信息时，你有没有遇到过困难，具体是什么情况，你是怎样解决的？"

⑤"在收集岗位描述信息时，你是否遇到过这样的情况：从任职者那里收集的信息与从其主管人员那里收集的信息不一致，你是怎样处理这种情况的？"

⑥"在岗位信息的及时更新方面，你都做了哪些工作？"

（6）根据"协助实施组织的薪酬计划，监控薪酬提升，保证其符合报酬增长的原则"，可以设计以下问题：

①"你在实施薪酬计划方面都做了哪些工作？"

②"在你的组织中，薪酬提升的依据是什么？你是怎样对这些依据做出判断的？"

③"当你得到部门负责人给你的关于该部门某个员工薪酬调整的建议时，你会做哪些工作？"

④"你是否遇到过经过调查了解到某个部门建议提升薪酬的员工不应

该得到提升的情况？你是怎样与提出建议的部门经理沟通的？"

⑤"你是否遇到过员工对自己的薪酬调整存在异议的情况？你是怎样处理这种情况的？"

【答疑解惑】

问1：面试提问的方式有哪些？

【解答】主要提问方式有：

（1）开放式提问：让应聘者自由地发表意见或看法，以获取信息，避免被动。

（2）封闭式提问：让应聘者对某一问题做出明确的答复。

（3）清单式提问：鼓励应聘者从众多选项中进行优先选择，以检验应聘者的判断、分析与决策能力。

（4）假设式提问：鼓励应聘者从不同角度思考问题，发挥应聘者的想象能力，以探求应聘者的态度或观点。

（5）重复式提问：让应聘者知道面试考官接收到了应聘者的信息，检验获得信息的准确性。

（6）确认式提问：鼓励应聘者继续与面试考官交流，表达出对信息的关心和理解。

（7）举例式提问：这是面试的一项核心技巧，又称行为描述提问。

问2：如何提升用人部门的面试能力？

【解答】很多企业用人部门的面试考官在面试候选人时，找不准自己的角色定位，要么和候选人聊很久却得不到有效的信息，要么容易陷入一些面试的心理误区，如晕轮效应、相似效应等。作为HR，如何提升用人部门的面试能力呢？

这个问题如果简单地处理，可以组织教育培训，若教育培训达不到效果就更换用人部门的面试考官。培训的内容，一般是非人力资源部的人力资源管理中关于人才招聘、选拔和面试的部分。培训结束之后，不代表工作就完成了。

除培训过程本身要增加训练和模拟的环节外，培训结束后也要有效评估。在面试技巧上，可以于培训中或培训后模拟场景，让用人部门的面试考官参训后接受评估，并在后续的面试工作中持续评估。

除培训外，还可以从流程和体系建设上做文章。培训教育的方式只能解决用人部门知不知道的问题，却解决不了做不做的问题。而从流程和体系建设上做文章，能够相对有效地解决做不做的问题。

问3：面试时如何判断应聘者的谎言？

【解答】HR在面试的时候如何判断应聘者的谎言呢？

这里使用的原理是谎言涉及情绪的时候，成功识别诺言的概率就会变大。和谎言有关的情绪越强烈，情绪的类型越多，就越容易出现某种形式的行为线索。所以，HR在面试的时候，提出的问题最好是和应聘者的情绪联系在一起的。

比如，不包含情绪的问题是：请你描述一下过去最成功的营销案例。包含情绪的行为类问题是：请你描述一下过去最成功而且让你最开心的一次营销案例。

这里问句的信息中不仅包括最成功，还包括最开心这个情绪因素。一般人对情绪的记忆都是相对真实的，如果想伪造情绪，很容易造成意识和潜意识的冲突，露出一些漏洞和破绽。所以，在问题中包含情绪对应聘者的影响更大。

第三节 常用人才测评方法

一、无领导小组讨论

1. 无领导小组讨论的概念

无领导小组讨论（Leaderless Group Discussion，LGD）是评价中心方法的主要组成部分，是指由一定数量的一组被评人（6～9人），在规定时间内（约 1 小时）就给定的问题进行讨论，讨论中各个成员处于平等地位，并不指定小组的领导者或主持人。

无领导小组讨论法运用松散群体讨论的形式，快速诱发人们的特定行为，并通过对这些行为的定性描述、定量分析以及人际比较来判断被评价者个性特征，其在员工选拔中效果明显。

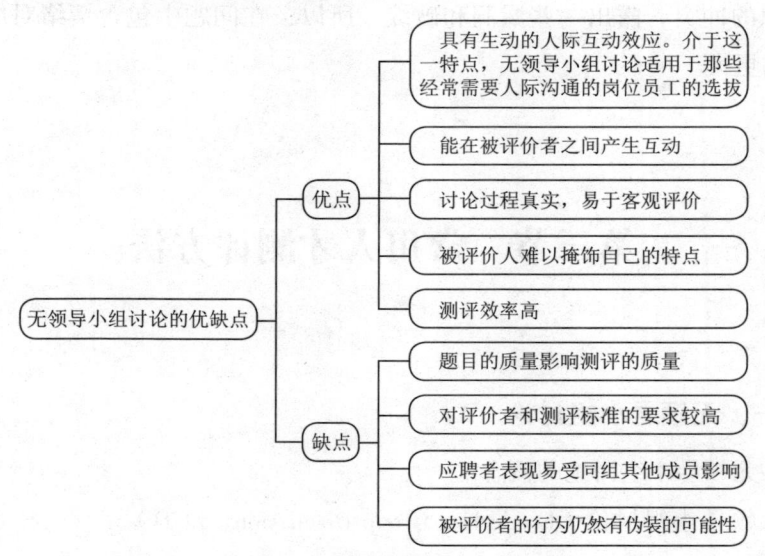

2. 无领导小组讨论的类型

无领导小组讨论可以从两个角度进行分类，如表 6-6 所示。

表 6-6 无领导小组讨论的类型

分类标准	种类	内容
根据讨论主题有无情境性分	无情境性讨论	一般针对某一个开放性的问题或者一个两难问题来进行
	情境性讨论	一般把应聘者放在某个假设的情境中来进行
根据是否给应聘者分配角色分	不定角色的讨论	是指应聘者在讨论过程中不扮演任何角色，可以自由地就所讨论的问题发表自己的见解，具有一定的灵活性
	指定角色的小组讨论	是指应聘者分别被赋予一个固定的角色，以各自不同的身份参与讨论，在各角色的基本利益不完全一致甚至有矛盾的前提下，进行自由讨论，并达成小组的一致意见

3. 无领导小组讨论的优缺点

无领导小组讨论的优缺点如图 6-6 所示。

无领导小组讨论的优缺点

优点：
- 具有生动的人际互动效应。介于这一特点，无领导小组讨论适用于那些经常需要人际沟通的岗位员工的选拔
- 能在被评价者之间产生互动
- 讨论过程真实，易于客观评价
- 被评价人难以掩饰自己的特点
- 测评效率高

缺点：
- 题目的质量影响测评的质量
- 对评价者和测评标准的要求较高
- 应聘者表现易受同组其他成员影响
- 被评价者的行为仍然有伪装的可能性

图 6-6 无领导小组讨论的优缺点

4.无领导小组讨论的操作流程

无领导小组讨论的操作流程如表 6-7 所示。

表 6-7　无领导小组讨论的操作流程

操作流程	内容
前期准备	（1）编制讨论题目 ①对所招聘岗位进行工作分析。了解拟任岗位所需员工应该具备的特点、技能，根据这些特点和技能来进行有关试题的收集和编制 ②讨论题目必须具有争论性 ③应筛选出难度适中、内容合适、典型性和现实性均好的案例，且符合无领导小组讨论的要求 ④对所编制的备选答案进行甄别、筛选，确定最符合本岗位工作特点的题目 （2）设计评分表。评分表包括评分标准及评分范围。设计评分表时确定测评能力指标是重点，应做到以下三点 ①应从岗位分析中提取特定的评价指标 ②评价指标不能太多、太复杂，通常应将评价指标控制在 10 个以内，否则，测评者无法在短时间内准确给出评判 ③确定各能力指标在整个能力指标中的权重及其所占分数，然后根据优、良、中、差四等级分配分值 （3）编制计时表。计时表主要用于控制整个讨论时间及记录各被评价者发言次数和时间，如果被测评者人数为 7 人左右，讨论时间一般控制在一个半小时以内 （4）对考官的培训。在评分前，先选定参与评分的考官，没有经验的评分者必须接受人事选拔专家或者心理学家的系统培训，深入理解无领导小组讨论的观察方式、评分方法等，必要时还要进行模拟评分练习 （5）选定场地。无领导小组讨论的考场环境要满足安静、宽敞、明亮等条件，考场布置要求得体庄重、朴素大方，不能让人产生压力感 （6）确定讨论小组。讨论小组的人数一般在 6～9 人。为被测评者分组时应将竞聘同一岗位的应聘者安排在同一小组，同时也要尽量使同一小组的成员保持陌生的状态
具体实施阶段	（1）宣读指导语。主考官向应试者宣读无领导小组讨论测试的指导语，介绍讨论题的背景资料、讨论步骤和讨论要求 （2）讨论阶段。考官宣读完指导语后一般不做任何发言，对于有的被测评者提出的问题，不涉及讨论内容的要适当回复，要强调整个活动由小组自己安排。测评者的观察要点包括以下三点 ①发言内容，即应聘者说了些什么 ②发言的形式和特点，即应聘者是怎么说的 ③发言的影响，即讨论者的发言对整个讨论的进程产生了哪些作用
评价与总结	（1）应着重评估的内容。在讨论过程中，考官应该着重评估被测评者参与程度、影响力、决策程序、任务完成情况、团队氛围和成员共鸣感等方面的表现 （2）讨论会的作用 ①通过交换意见，测评者可以补充自己观察时的遗漏，对被测评者做出更加全面的评价 ②若不同测评者对同一测评者的评价产生了分歧，他们可以进行充分的讨论

5. 无领导小组讨论的题目设计

无领导小组讨论的有效性很大程度取决于题目的设计，同时还和所测量的能力要素或维度有很大关系。题目设计的基本流程如图 6-7 所示。

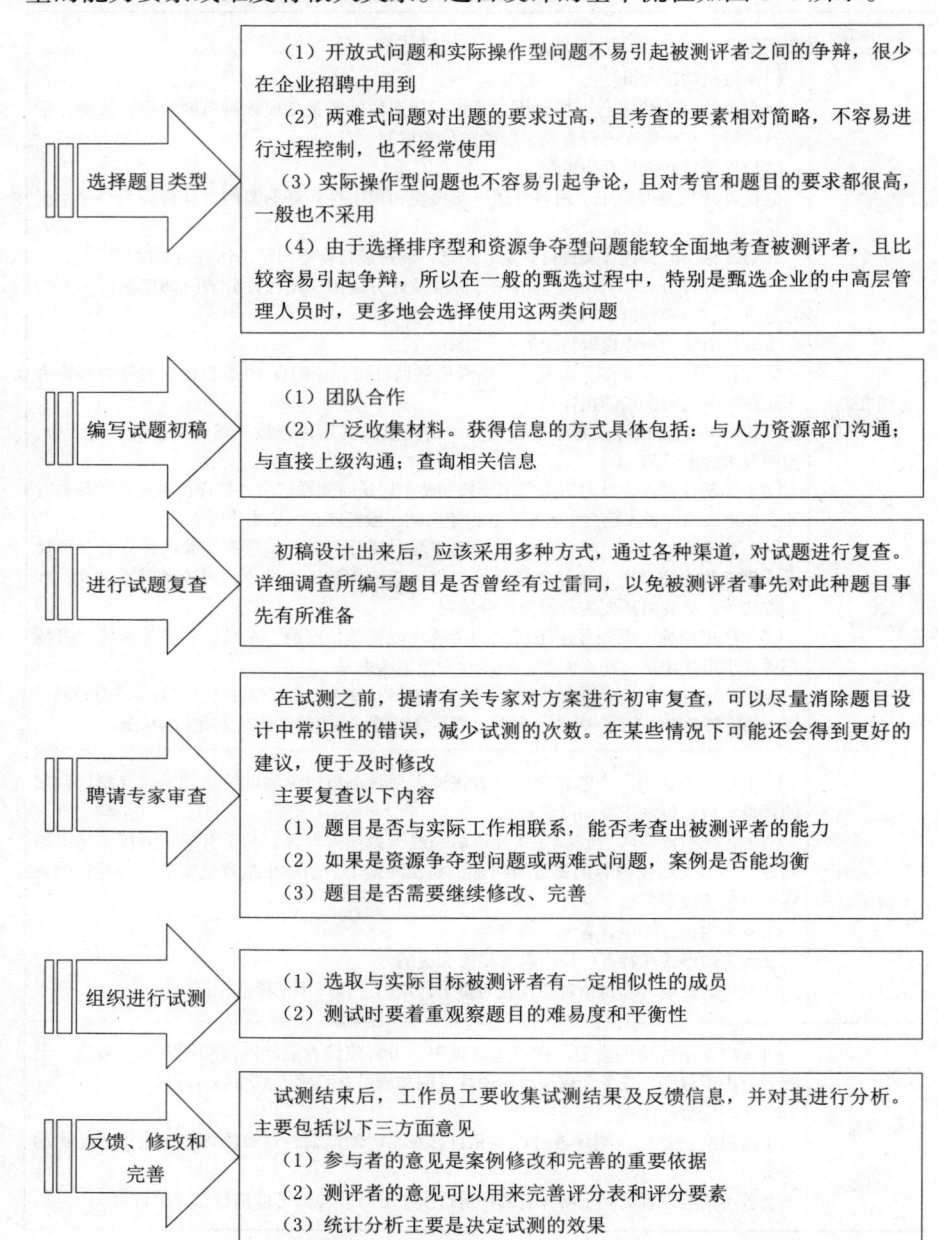

选择题目类型
（1）开放式问题和实际操作型问题不易引起被测评者之间的争辩，很少在企业招聘中用到
（2）两难式问题对出题的要求过高，且考查的要素相对简略，不容易进行过程控制，也不经常使用
（3）实际操作型问题也不容易引起争论，且对考官和题目的要求都很高，一般也不采用
（4）由于选择排序型和资源争夺型问题能较全面地考查被测评者，且比较容易引起争辩，所以在一般的甄选过程中，特别是甄选企业的中高层管理人员时，更多地会选择使用这两类问题

编写试题初稿
（1）团队合作
（2）广泛收集材料。获得信息的方式具体包括：与人力资源部门沟通；与直接上级沟通；查询相关信息

进行试题复查
初稿设计出来后，应该采用多种方式，通过各种渠道，对试题进行复查。详细调查所编写题目是否曾经有过雷同，以免被测评者事先对此种题目事先有所准备

聘请专家审查
在试测之前，提请有关专家对方案进行初审复查，可以尽量消除题目设计中常识性的错误，减少试测的次数。在某些情况下可能还会得到更好的建议，便于及时修改
主要复查以下内容
（1）题目是否与实际工作相联系，能否考查出被测评者的能力
（2）如果是资源争夺型问题或两难式问题，案例是否能均衡
（3）题目是否需要继续修改、完善

组织进行试测
（1）选取与实际目标被测评者有一定相似性的成员
（2）测试时要着重观察题目的难易度和平衡性

反馈、修改和完善
试测结束后，工作员工要收集试测结果及反馈信息，并对其进行分析。主要包括以下三方面意见
（1）参与者的意见是案例修改和完善的重要依据
（2）测评者的意见可以用来完善评分表和评分要素
（3）统计分析主要是决定试测的效果

图 6-7 题目设计的基本流程

温馨提示

无领导小组讨论的适用范围

无领导小组讨论最突出的特点就是具有生动的人际互动性，应聘者需要在与他人的沟通和互动中表现自己，其考查维度包括以下三方面。

（1）人际相关能力，如组织协调能力、领导能力、团队合作能力、谈判说服能力、影响力和人际沟通能力等。

（2）思维与问题解决能力，如理解能力、分析能力、创新能力和决策能力等。

（3）个性特质与行为风格，如自信心、进取心、责任感、灵活性和情绪稳定性等。

因此，无领导小组讨论比较适用于对那些经常与人打交道的岗位人员的选拔，比如中高层管理人员、人力资源从业人员和销售人员等，而诸如财务人员、研发人员和技术人员则不适用该方法。

同时，由于无领导小组讨论一次可以有多人参加，每个人的平均时间一般要明显低于面试的时间，可以作为面试的一种补充形式，在面试前用于淘汰一些明显不适合的人员，提高面试效率。目前，校园招聘中的一些与人际处理和管理有关的职位甄选，可以运用简易模式的无领导小组讨论进行辅助，即在指标方面可以略少于完整的无领导小组讨论，并以打分为主，而不需要撰写完整详细的报告。

二、沙盘推演测评法

1. 沙盘的起源

早期的沙盘游戏用于儿童心理疾病的治疗，如今广泛应用于培训。同时也被赋予了新的内容与功能。

沙盘游戏，也称沙盘模拟培训，是一种全新的具有竞争性的体验式学习，它在企业培训中，特别是针对高层管理人员的培训中具有独特的魅力。沙盘模拟培训是通过引领学员进入一个模拟的竞争性行业，由学员分组建立若干模拟公司，围绕形象直观的沙盘教具，实战演练模拟企业的经营管理与市场竞争，在经历模拟企业经营 3～4 年的荣辱成败过程中提高战略管理能力，感悟经营决策真谛。每一年度经营结束后，学员们通过对"公司"当年业绩的盘点与总结，反思决策成败，解析战略得失，梳理管理思路，暴露自身弱点，并通过多次调整与改进的练习，切实提高综合管理素质。

实际上，沙盘游戏也可作为人事测评的重要手段之一，将该方法推广应用于人力资源管理开发领域，于是沙盘推演测评法应运而生。该方法适用于企业高级管理人员的测评和选拔。通过沙盘推演，可以考查被试者的决策能力、计划能力、统筹能力、预测能力、分析能力、沟通能力、解决问题的能力、团队合作能力等。

2. 沙盘推演测评法的内容

在应用沙盘推演测评法之前，需要做好有关组织性和技术性方面的准备工作，如图 6-8 所示。

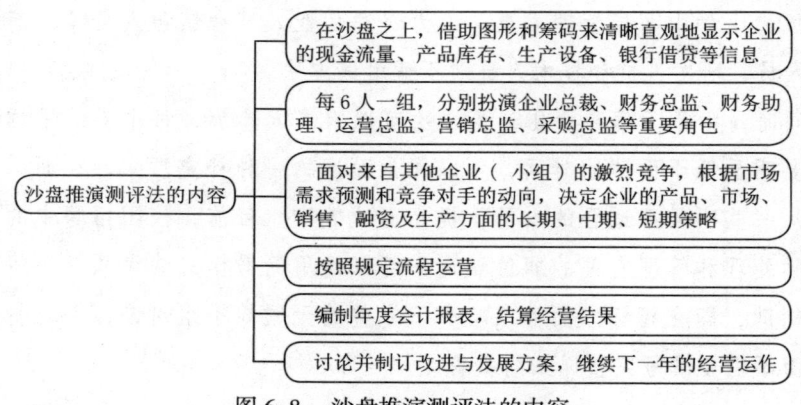

沙盘推演测评法的内容：
- 在沙盘之上，借助图形和筹码来清晰直观地显示企业的现金流量、产品库存、生产设备、银行借贷等信息
- 每 6 人一组，分别扮演企业总裁、财务总监、财务助理、运营总监、营销总监、采购总监等重要角色
- 面对来自其他企业（小组）的激烈竞争，根据市场需求预测和竞争对手的动向，决定企业的产品、市场、销售、融资及生产方面的长期、中期、短期策略
- 按照规定流程运营
- 编制年度会计报表，结算经营结果
- 讨论并制订改进与发展方案，继续下一年的经营运作

图 6-8　沙盘推演测评法的内容

3. 沙盘推演测评法的特点

与传统测评模式相比，沙盘推演因强调被试者参与某企业运行管理中的某一具体角色，而能够有效地观察到被试者的实际能力，被试者不可能有所掩饰或者伪装。同时，沙盘推演能充分调动学员的积极性和主动性，注重理论知识的实际应用，使其在短期内高度投入模拟情境中，几个小时的游戏，可能就经历了企业数载的跌宕起伏，这要求被试者非常深刻地理解和把握相关的理论知识和专业技术技巧。沙盘推演测评法具有以下特点：

（1）场景能激发被试者的兴趣。与传统的人事测评技术相比，沙盘推演增添了娱乐性和实战气氛，变枯燥的测评为生动有趣的游戏，可以激起参与者的竞争热情；生动的视觉感受能够有效地激发学员的参与兴趣，充分发挥其各方面能力。正是在这种有趣的气氛中，被试者才能把真实想法充分暴露出来，把真实能力充分发挥出来。

（2）被试者之间可以实现互动。与传统的人事测评技术相比，沙盘推演要求被试者之间充分沟通，这有利于将被试者放在相同情境下进行比较。这种互动的测评模式，有利于考官有效评价被试者的沟通能力、团队合作能力等其他人事测评技术无法测评的能力。

（3）直观展示被试者的真实水平。合理的企业经营决策需要综合运用市场营销、成本管理、库存管理、生产管理等多方面知识，与传统的人事测评技术相比，沙盘推演能更全面地观察到被试者的知识结构与深度。由于企业结构和管理操作过程全部展示在模拟沙盘上，故可将被试者所掌握的复杂、抽象的经营管理理论以最直观的方式传达给考官。考官可以利用观察、倾听、观看结果等手段进行考查。

（4）能使被试者获得身临其境的体验。沙盘推演这种测评技术能使被试者身临其境，真实感受一个企业经营者直面的市场竞争的精彩与残酷，认识企业资源的有限性，承担经营风险与责任，了解企业运作全过程以及管理在企业中的重要地位和作用，深刻理解管理思想和管理方法。正是这种体验，使被试者在展现自己能力的同时，其管理能力也得到提升。高级经理人面临的巨大挑战就是如何预知、判断和控制风险，激烈的市场竞争中往往没有"在错误中学习"的机会，而在模拟情境中则充分提供了这种机会，让被试者全面检验自己的决策能力，并在模拟中犯错误、在纠正错误中吸取经验教训，从而学到新理论和新方法。

（5）能考查被试者的综合能力。将管理理论与沙盘相结合的沙盘推演测评方法，不仅可以考查被试者经营管理的素质与能力，还可以观察被试者的人际沟通能力、独立思考能力、团队协作精神、开拓创新能力以及综合分析能力。例如，为了在激烈的竞争中占领新市场、赢得新顾客，被试者必须随时掌握资金需求和预算及产能、市场趋势动向，有关竞争者的情报并解析所拥有的信息，同时也要倾听其他组员的意见并考虑他人的观点，以及如何说服他人并承担一定的决策风险等。可见，沙盘推演能够综合、全面地考查被试者的能力，这是其他人事测评方法所无法比拟的。

总之，沙盘推演要求被试者能全面、灵活地运用管理知识，如生产管理、市场营销、财务会计等知识和预测、优化、对策、决策等方法，考查被试者的分析、判断和应变能力，并能培养团队合作的精神。沙盘推演所具有的竞争性、趣味性、实用性和实战性是其他测评方法难以比拟的。

4. 沙盘推演测评法的操作过程

沙盘推演测评法的操作过程如表 6-8 所示。

表 6-8　沙盘推演测评法的操作过程

项目	内容
被试者热身	一般在推演正式开始之前安排被试者进行组合，给自己的团队取名字、定队徽，合唱队歌，设定企业目标，分配角色等。时间控制在 1 小时左右
考官初步讲解	考虑到学员的专业背景和基础知识的不均衡性，考官会对模拟企业的初始状态、企业运行条件、市场预测情况、企业内外部竞争环境等逐一进行介绍。时间控制在半小时左右
熟悉游戏规则	各组按照统一的规定，运行一个生产年度，目的是熟悉产品调研、市场分析、订单处理、生产销售、融资结算的各个过程，使所有被试者都能很快融入角色并全身心投入。各个成员应进一步明确工作职责，为实战打好基础。时间控制在 1 小时之内
实战模拟	各组在相同的初始条件下开始运作，各组被试者分别进行分析、讨论和集体决策，目标是在激烈的竞争中占领市场，获得较好的经营业绩。可根据实际情况，选择 6～8 个经营年度进行模拟，时间不超过 5 小时
阶段小结	在年度运营中，考官带领被试者思考并讨论企业经营成功的基本条件，恰到好处地教授相关知识，启发被试者将所学的知识在下一年度的运作中加以实践、思考和回味。时间掌握在每个运营年度之间，每次 15～30 分钟
决战胜负	随着模拟财务年度的推进，各个企业会有越来越大的差距和变化。最后通过公平竞争，经营状况最佳的小组成为优胜者
评价阶段	考官根据被试者在整个游戏过程中的表现打分。考查的维度包括经营管理知识掌握的程度、决策能力、判断能力、团队合作能力、沟通能力等。优胜小组成员将得到更高分数，小组得分加上个人得分是最后个人得分

三、公文筐测试

1. 公文筐测试的含义

公文筐测试，也称公文处理，是被多年实践充实、完善并被证明是很有效的管理人员测评方法，是对实际工作中管理人员掌握分析各种资料、处理信息以及做出决策等活动的高度集中和概括。

测试在模拟情境中进行，该情境模拟的是一个公司在日常工作中可能发生的或者经常发生的情境并提供一些背景信息。通过测试指导语的说明，让被试者以管理者的身份假想自己正处于某个情境中，通常是模拟在一定的危急情况下，要求被试者完成各种公文的处理。考官通过观察其处理公文的过程，对被试者的实际能力作出判断与评价。

公文筐测试要求被试者在规定时间内对各种与特定工作有关的文件、报表、信件、电话记录等公文进行处理。考官根据被试者处理公文的方式、方法、结果等情况，对其能力和个性特征做出相应的评价。

2. 公文筐测试的特点及不足

公文筐测试的特点及不足如图 6-9 所示。

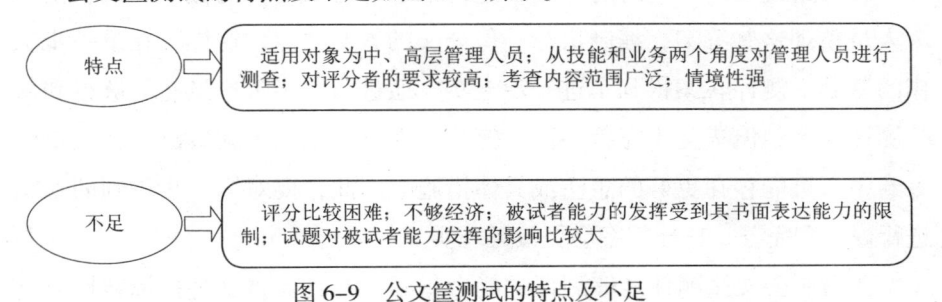

特点 ⇒ 适用对象为中、高层管理人员；从技能和业务两个角度对管理人员进行测查；对评分者的要求较高；考查内容范围广泛；情境性强

不足 ⇒ 评分比较困难；不够经济；被试者能力的发挥受到其书面表达能力的限制；试题对被试者能力发挥的影响比较大

图 6-9 公文筐测试的特点及不足

3. 试题设计程序

公文筐测试的一个重要内容是试题的设计和编写。该项工作必须抓住三个环节：

（1）工作岗位分析。在试题设计之前，应该深入分析工作岗位的特点，确定任职者应该具备哪些知识、经验和能力。工作分析的方法可以采用面谈法、现场观察法或问卷法。通过工作分析，要确定公文筐测试需要测评哪些素质，哪些素质可以得到充分测评，各个要素应占多大权重。

（2）文件设计。文件设计包括选择哪些文件种类，如信函、报表、备忘录、批示等，确定每种文件的内容，选定文件预设的情境等，特别需要注意文件与测评要素之间的关系。文件设计要准确把握测试材料的难度。

材料难度过大，选拔的结果容易导致"大材小用"；如果测试材料过于简单，测试会出现"天花板效应"，考生都得高分，没有区分度。

（3）确定评分标准。文件设计结束，接下来对文件处理的不同方法与手段赋分。

公文筐测试的评分标准设计是公文筐操作中的一个难点。该项工作最好放在测试结束以后进行。下面介绍一套较为简单易行且具有实际操作价值的评分步骤。

①编制好整套测评试题后，对每一份公文所涉及的测试内容，由主考人员从中整理出一些可能的答案，逐条列出。从这些资料中可以总结归纳出测试所需要的部分答案，包括采取怎样的措施能够成功、哪些方法会导致失败，这样整套测评试题便具备了初步答案。

②将正式施测得到的所有答案进行汇总。与第一步的做法相同，由主考人员整理这些答案，编制出每一份公文的答案要点。这样，在第一步工作的基础上测评答案得到了进一步充实。通过第一步工作虽然能够得到部分测评答案，但毕竟不完善。正式施测时涉及的范围更为广泛，在大量的答卷中有可能存在更好的想法或具体措施。因此，要对第一步得到的答案进行修正和完善，这样答案会更接近现实。

③参照公文筐测评能够测评的能力指标，并且要将这些指标转换成具体的评价要素。然后，聘请部分情境模拟测评专家集体研究究竟什么样的答案可以得高分，什么样的答案属于一般水平，哪些要点与哪些测评要素相衔接。进一步完善并最终确定测评的答案以及评分标准。

④根据答案，对被试者的答卷以采点得分的方式评分。也就是说，每一份公文的答案都制定出若干得分点，由评分人员依据参考答案的得分点来对被试者进行评分。这样的评分标准即使非专业人士也可以运用。

4. 公文筐测试的基本程序

（1）向被试者介绍有关的背景材料，告诉被试者，他现在就是某个职位的任职者，负责全面处理公文筐里的所有公文材料。常见的考评维度包括个人自信心、组织领导能力、计划安排能力、书面表达能力、分析决策能力、风险态度、信息敏感性等。

（2）给每位被试者发一套（5～15 份）经常出现在管理人员办公桌上的各种类型公文。

（3）把处理结果交给测评专家，按照既定的考评维度与标准进行考评。

5. 公文筐测试的具体操作步骤

（1）测试前 20 分钟，引导员将被试者从休息室（候考室）带到相应的考室。

（2）监考人员到保管室领取公文筐测试试卷。

（3）监考人员一一查验被试者的身份证、面试通知单。

（4）由主监考宣读考场规则，并请纪检人员和被试人员代表查验试卷密封情况并签字。

（5）测试前 5 分钟，由主监考宣布发卷并宣读公文筐测试指导语。

（6）监考人员对答题要求和步骤进行具体指导。

（7）考试时间到，由主监考宣布"应试人员停止答题"，被试者离开考室，监考人员收卷密封。

（8）主监考填写考场情况记录，监考人员和纪检人员签字后，将试卷袋送交保管室。

四、职业心理测试

1. 心理测试及其相关概念

（1）心理测试的含义。心理测试是指在控制情景的情况下，向应聘者提供一组标准化的刺激，以所引起的反应作为代表行为的样本，从而对个人的行为做出评价。

心理测试的类型如图 6-10 所示。

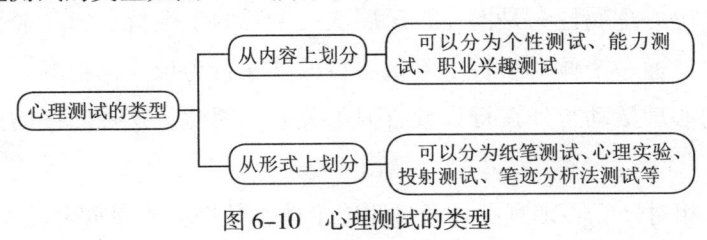

图 6-10　心理测试的类型

（2）人格特征及其形成。人格也即个性，人的个性中除能力以外部分的总和，包括需要、动机、兴趣、爱好、感情、态度、气质、价值观、人际关系等，或是与社会行为有关的心理特质的总和。另外，人的个性的形成或者人与人之间的个性差异，主要取决于三个因素：遗传因素、环境因素和重大生活经历。

人的个性基本特征如图 6-11 所示。

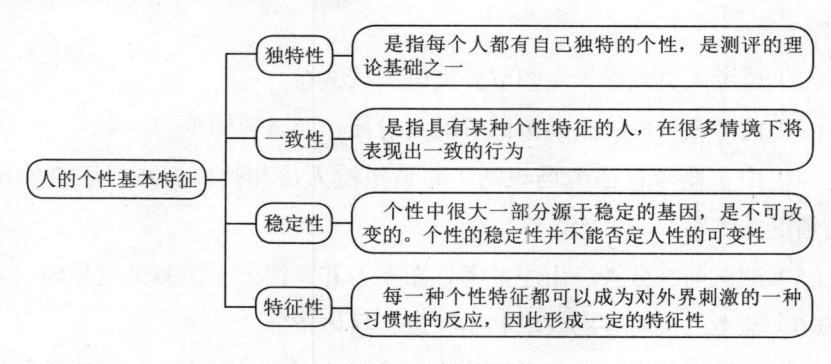

```
                  ┌── 独特性 ── 是指每个人都有自己独特的个性，是测评的理论基础之一
                  │
                  ├── 一致性 ── 是指具有某种个性特征的人，在很多情境下将表现出一致的行为
人的个性基本特征 ──┤
                  ├── 稳定性 ── 个性中很大一部分源于稳定的基因，是不可改变的。个性的稳定性并不能否定人性的可变性
                  │
                  └── 特征性 ── 每一种个性特征都可以成为对外界刺激的一种习惯性的反应，因此形成一定的特征性
```

图 6-11　人的个性基本特征

（3）能力的含义。能力是指个体顺利地完成某项体力或脑力劳动活动所必需的系统和条件，并直接影响劳动活动绩效的个性心理特征。能力是一种内在的心理品质。

2. 心理测试的特点

（1）代表性。心理测试是通过测查少数经过科学选择的代表性样本行为来推断个体整体的心理特征。测试材料包括书面的纸笔测试和操作仪器测试。其本质是激发受测者的代表性行为，在常模研制上需要对样本的选取遵循科学抽样的原则。

（2）间接性。心理测试的对象为个体的职业能力、能力倾向、兴趣、人格特征等心理属性，是潜在、深层次、主观的个性特点，一般无法直接获得，只能通过个体对于特定测试项目的外在行为反应来推断。其基本假设是人的心理活动与外在行为具有因果关系，因此，这种间接的推断是可靠的。

（3）相对性。心理测试是通过测定个体在某个行为序列上的相对位置，来推断其相应的能力水平或人格特征，因此，心理测试的结果都是与所在团体多数人的行为或某种特定标准（常模）相比较而确定的。

3. 职业心理测试的种类

职业心理测试是企事业单位在招聘中判定求职者个体差异的有效工具，如表6-9所示。

表6-9 职业心理测试的种类

项目	内容
学业成就测试	是对经过训练所获得的某种知识、技能和成就进行测试的一种方法，其研究的对象是比较明确的、相对限定范围内的学习结果适用于选拔专业技术人员、科研人员，以确定这些求职者是否具备特定招聘岗位需要的专业理论知识和专业技能
职业兴趣测试	主要测查人在职业选择时的价值取向。较为广泛的职业兴趣测试有：斯特朗—坎贝尔兴趣调查（SCII）、加利福尼亚职业爱好系统问卷（COPS）、库德职业爱好调查表
职业能力测试	是通过对人的非生活经验积累而形成的能力来预测被测试者在某一职业领域的发展潜能。主要分为一般能力（智力）测试和特殊能力（能力倾向）测试 应用较多的能力测试有：一般能力倾向成套测试（GATB）、鉴别能力倾向成套测试（DAT）、机械倾向测试（MAT）、文书倾向测试（CAT）等
职业人格测试	又称个性测试，是对于人的稳定态度和习惯化的行为方式的测试。主要用于测量人的性格、气质等方面的个性心理特征 常用的测试方法有自陈量表（又称自陈问卷）和投射技术。其中，常用的自陈量表包括：是非式、折中是非式、二择一式、文字量表式、数字量表式。在企业人员选拔与配置中最常用的自陈量表有：卡特尔16种人格因素问卷（16PFQ）、梅耶尔斯—布雷格斯类型指示量表（MBTI）、教育和职业计划的自我指导探索（SDS）等
投射测试	是指给被试者提供一些意义不明确的刺激图形，让被试者在完全不受限制的情形下自由做出反应，使其在不知不觉中表露出人格的特质。只能有限地用于高级管理人员的选拔，大多数情况下运用于临床心理诊断 应用有两种：罗夏墨渍测试（RIT）、主题统觉测试（TAT） 投射测试可以对被试者的人格做出综合的、完整的测试，对被试者的内心活动作更深层次的分析和探索。由于测试本身不显示任何目的，被试者无须有意防范而做出虚假的反应 不足表现为：其结果分析一般凭分析者的经验的主观推断，科学性有待进一步考查；在计分和解释上相对缺乏客观标准，人为性较强；是否能真正避免防御反应的干扰，在研究上并未得出一致结论；应用时存在不便；在评分上缺乏客观标准，难以量化，测试结果难以解释，被试者的反应更容易受实施测试的情境的影响

4. 心理测试的设计标准和要求

心理测试的设计标准和要求如表6-10所示。

表 6-10　心理测试的设计标准和要求

项目	内容
标准化	标准化是指测试编制、施测、评分和测试分数解释必须遵循严格的、统一的科学程序，以保证对所有被试者来说都是公平的。要达到测试的标准化，应做到：题目标准化；施测标准化；评分标准化；解释标准化
信度	信度是衡量测试结果是否稳定、可靠的指标，即测试结果是否反映了被试者的稳定的、可靠的真实特征。测试结果如果稳定、可靠，其特点有：重测信度高；同质性信度高；评分者信度高
效度	测试效度是衡量测试有效性的指标。其一次对应三个问题的回答：测试是否测量到了所要测的心理属性，以及测试对相应的心理属性的测量达到的准确程度？测试对活动内容的反映程度？通过测试能够提高决策的准确率的程度
常模	常模是一组具有代表性的被试样本的测试成绩的分布结构，包括集中趋势（通常用平均数表示）和离散趋势（通常用标准差表示）。是用于比较不同被试者测试分数的标准，能够说明某一测试结果分数相对于同类被试者所处的水平

5. 选择测试方法时应考虑的因素

选择测试方法时应考虑的因素如表 6-11 所示。

表 6-11　选择测试方法时应考虑的因素

项目	内容
时间	测试的时间过长，容易引起被试者的疲劳和反感，影响测试结果的稳定性和有效性，容易给测试的具体实施带来困难
费用	以最低的投入取得最好的效果，是测试选用应该追求的目标。在不损害测试准确性和有效性的前提下，应尽可能选用质优价廉、耗费较少的测试，根据不同测试目的、灵活选用
实施	除非专业人员足够，否则采用简单并易于执行的测试为宜
表面效度	表面效度是指测试看起来是什么。测试内容有趣可以提高被试者作答的兴趣，使结果较可靠，有助于建立人力资源管理人员和被试者之间的良好关系
测试结果	（1）一些测试结果必须由专家来解释或应用，另一些测试结果所提供的各项事实，可能任何人都能了解 （2）一些测试结果因资料有限，仅能应用一次，另一些精密的测试结果提供的资料可解答许多问题，并具有永久性

6. 投射测试应用举例

根据投射测试被试者的反应方式，可将投射测试分为五种具体的方法。

（1）联想法。先给被试者一定的刺激，如给一个文字、看一张墨渍图形等，然后让被试者说出由这些刺激所引起的联想。代表方法如荣格的文字联想测试和罗夏墨迹测试。

（2）构造法。要被试者根据他看到的图画，讲述一段含有过去、现在、将来等发展过程的故事。典型的方法如主题统觉测试。其测试的过程是：先将图片向被试者呈现几秒，然后让他们描述自己看到的场景。其结果是不同的人描述的场景往往大相径庭。

（3）绘画法。投射中的绘画测试常见的是画一棵树。树是地球上的一种古老的生物，生生不息，无处不在，它是生命的化身，是成长的象征。树傲然挺立在大地上，如同人直立在地球上。树的根从大地汲取生长的营养，人类也从大地母亲那里得到生存所必需的营养。树的枝叶象征着保护、庇护、供养、更新。树木给人阴凉，又自我滋养，从树叶的光合作用到树根的吸收养分，树木从幼苗成长为参天大树的过程，与一个人成长的过程非常相近。当人们画树时，从树中可以看出灵性和自我揭示。正因为人与树之间有这些相似性，所以，当人们画出一棵树时，从中可以看出其人格的某些特性。

（4）完成法。提供一些不完整的句子、故事或辩论材料，让被试者自由补充，使之完整。比如：

①在人群中，我 ____。

②领导们常常 ____。

③与他人比较起来，我 ____。

④最令我伤心的是 ____。

⑤当别人给我建议时，____。

对于第一个句子，有一位被试者回答："在人群中，我东张西望。"从中可以做出推断：该名被试者可能处于比较顺利的成长环境中，"东张西望"体现出一种胜似闲庭信步的自在以及无忧无虑的心境。同时，也体现出当一个人处于迷茫的时候，试图通过目光扫射来寻找出路。这说明两者是一致的。因为在顺境中成长起来的孩子，更容易感到迷茫，因为自己为自己争取利益的机会比较少，以致在他需要独立的时候会感到迷茫，甚至束手无策。另外，这还说明该名被试者有一定的好奇心。

还有一种完成法是给出一组词组，要求组成完整的句子。比如：

①红绣球　砖头　微笑　决定

②松树　假期　忙碌

（5）逆境对话法。这种测验由一些图片组成，通常图画中有两个人，其中一人大声吼道："嘿！安静点，不要影响我工作！"而另一人则处于尴尬或者生气的境地，被试者假设自己就是另一人，要求写下他的回答。回答后，根据被试者答案的"攻击方向"和所表达的攻击类型计分。攻击方向包括外向攻击、内向攻击和免于攻击。攻击类型包括强调障碍、自我防御、需求为主。因此，被试者会有多种反应。

被试者的回答可能是："不要生气，我实在是很想玩一下。"这样的回答就是"内向攻击、自我防御（为自己辩解）的组合"。

被试者的回答也可能是："哦，好的，对不起，我马上走开。"这样的回答是"免于攻击、需求为主（提供解决问题的途径）"。

被试者的回答还有可能是："为什么要我安静？你可以换个地方工作。我没有别的地方可以玩了。"这样的回答是"外向攻击、强调困难"。

五、角色扮演

1. 角色扮演的定义

角色扮演是一种主要用以测评人际关系处理能力的情境模拟测评方法。在这种活动中，考官设置了一系列尖锐的人际矛盾与人际冲突场景，要求应聘者扮演某一管理角色并进入角色情境去处理各种问题和矛盾。考官对应聘者在不同角色情境中表现出来的行为进行观察和记录。有时考官事先委托别人装扮成顾客、客户等来到应聘者现场制造一些麻烦。

2. 角色扮演的优缺点与适用范围

（1）角色扮演的优缺点如表 6-12 所示。

表 6-12　角色扮演的优缺点

项目		内容
优点	仿真性高	角色扮演是基于岗位的特点来设计实施的，因此能充分体现岗位要求，与岗位的日常活动相仿，所涉及的均是日常管理中经常出现的一些典型情境
	灵活性强	测试过程中，考官或辅助人员可以根据应聘者的具体情况实时调整内容，设置障碍，引发应聘者的即时反应，全面考查应聘者
	测试时间短	整个测评时间为 15～30 分钟，应聘者的准备时间为 15～30 分钟，当前一个应聘者在测试时，后一个应聘者可以进行准备

续表

项目		内容
缺点	效度不高	容易与实际管理方法产生偏差，如果应聘者不能进入角色完成任务，不能说明其在岗位上一定无法完成任务，而角色扮演好的应聘者未必实务工作也好
	对交谈对象扮演者要求高	由于要把控整个交流过程，要求交谈对象扮演者不仅有针对不同应聘者引发其做出测评反应的能力，还要有灵活迅速的反应能力以调整不同应聘者的反应，又要具有较强的表演能力，能与实际岗位所对应的相关人员的特质类似
	结构化程度不高	整个过程由于应聘者的不同，即使是同一个考官或辅助人员与其互动，也很难保证交谈的内容和形式完全结构化，对评价的标准把握要求高

（2）角色扮演的适用范围。角色扮演主要考查被测对象的性格、气质、兴趣爱好等心理素质，以及应聘者的语言表达与沟通能力、谈判与说服能力、冲突解决能力、应变能力、判断能力、创造能力、决策能力等，比较适用于对管理人员、销售人员和服务人员等需要较强人际敏感性和具有较高的沟通要求岗位的人员选拔。

3. 角色扮演的实施流程

角色扮演的实施流程如表6-13所示。

表6-13 角色扮演的实施流程

阶段		内容
准备阶段	考官工作	宣读指导语、介绍角色扮演的情境信息、回答应聘者对测试的问题
	应聘者准备	（1）熟悉扮演的角色、了解背景信息、明确所需完成的任务 （2）一般准备时间为15～30分钟，可根据情境信息和任务的复杂程度确定
施测阶段		（1）应聘者按照规定的角色开始完成任务 （2）要给予应聘者足够的活动空间，如果是面谈则需要有一个平等沟通的环境 （3）整个过程中应聘者起主导作用，是各种活动或交流的发起者和控制者，其他人员为辅助者和配合者，并适时设置"人为障碍"反馈应聘者 （4）考官则完整地观察应聘者的语言和行为 （5）整个过程为15～30分钟
评价阶段		（1）应聘者的表现情况可以从五个方面来考查：应聘者的紧张程度；应聘者对背景资料的领悟能力；应聘者扮演过程的焦虑水平；应聘者的角色技能；应聘者表现的真实程度等 （2）具体的评估可从粗略的总体行为的适应性和细微的行为特征两个角度入手 （3）总体行为的适应性主要考查应聘者是否能迅速判断形势并进入角色情境，按照角色规范的要求采取相应的对策行为；细微的行为特征则表现在目光接触、语调、音量、微笑、话语的长短、表扬和赞许、请求与顺从、反应时间、提问、反应潜伏期等

六、管理游戏

1. 管理游戏的定义

管理游戏是一种以完成指定任务为基础的情境模拟测评方法。要求将应聘者组成一个小组，共同完成一项事先设计好的具体的管理事务或企业经营活动。在这类活动中，分别给应聘者赋予不同的角色（职务），分配一定的任务，让他们通过合作完成任务，考官则通过应聘者在完成任务过程中所表现出来的行为来测评应聘者的素质。

2. 管理游戏的优缺点与适用范围

管理游戏的优缺点与适用范围如表 6-14 所示。

表 6-14　管理游戏的优缺点与适用范围

项目		内容
优点	易行性	它能突破实际工作情境时间与空间的限制，许多行为实际工作中也许几个月甚至几年才会发生一次，而这里几小时内就可以发生
	趣味性	由于它模拟内容真实感强，富有竞争性，又能使应聘者马上获得客观的反馈信息，故能引起应聘者的浓厚兴趣，容易投入其中，展现自我
	体验性	管理游戏能帮助应聘者对错综复杂的组织内部各单位之间的相互关系有更加深刻的了解，也可使应聘者体验到自己是否符合这类岗位的要求和环境特征
缺点		管理游戏可能会压抑某些应聘者的开创性；在游戏中，应聘者会专心于战胜对方从而忽略对所应掌握的一些管理技术的学习等
		由于方法本身很复杂，对应聘者的观察和评价比较困难，也比较费时
适用范围		（1）管理游戏的主题一般有四种类型：适合知识型企业决策开发的商业模拟主题；获取市场竞争份额的模拟竞争演练；系统运用决策工具的经营模拟主题；基础财务运作管理的主题 （2）涉及的管理范围较为广泛，诸如市场营销管理、财务管理、人力资源管理、生产管理等
		管理游戏将应聘者置于客观现实的情境中，其特点是便于考查应聘者的团队合作能力、领导能力、决策能力、应变能力、社会关系特征、语言表达能力等素质，一般适用于管理人员或销售、财务等关键职位

七、案例分析

1. 案例分析的定义

案例分析是考官提供给应聘者一些组织中相关岗位在管理中遇到的各种现实问题，要求他们通过准备一系列建议，形成一份书面报告提交相关的部门或进行口头汇报的一种测评方法。案例分析在评价中心项目的实施中使用频率为 73%，一般而言，如能和其他测评方法结合使用，会取得更好的效果。

2. 案例分析的优缺点与适用范围

案例分析与文件筐测验有些类似，但两者有本质的区别：一是文件形式不同，尽管都是基于考官所提供的文件资料进行分析，但文件筐测验提供的文件较分散，是一些原始文件，篇幅较短，而案例分析的文件一般都经过加工，较为完整；二是任务不同，文件筐测验要求对文件提出简单的处理意见以及相应的理由，针对性较强，而案例分析则要求撰写一份完整而系统的分析报告。

（1）案例分析的优缺点如表 6-15 所示。

表 6-15 案例分析的优缺点

项目		内容
优点	操作简单易行	案例分析的测试组织流程简单，如果提交分析报告，是一种典型的笔试模式，考官不必在场，结束后回收报告即可；如果是口头汇报，占用考官的时间也比较短，一般为 30 分钟左右
	考查维度广泛	案例分析可以从多角度对应聘者进行测试，诸如知识、能力、个性与内驱力等
	组合运用方便	案例分析便于和其他的测评方法组合运用，或成为其他方法的组成部分，诸如文件筐测验、无领导小组讨论、面试或演讲等
缺点	评价标准难以确立	
	主观影响大	

（2）案例分析的适用范围。案例分析的主题一般有两种：一种是与工作情境无关的主题，侧重考查应聘者的综合素质，但相对而言对岗位信息不能有效告知应聘者；另一种是与工作情境高度相关的主题，侧重考查与岗位要求有直接关系的素质，针对性强，并能有效告知应聘者应聘岗位的背景与相关信息。

案例分析既可以考查一般性技能，又可以考查特殊技能，主要考查的能力包括综合分析能力、逻辑思维能力、独创性、决策能力以及与岗位相关的专业知识和技能等。此外，如果采用书面报告形式，也可以对其书面内容及形式进行评价。

八、演讲

1. 演讲的定义

演讲是应聘者按照给定的主题或材料自行组织观点，并向考官阐述自己的分析和理由的测试方法。一般情况下，应聘者陈述完毕后还要回答考官提出的相关问题。

2. 演讲的优缺点分类和适用范围

演讲操作简便，易于使用，有一定的针对性，但无法有效考查应聘者的人际沟通等能力。

演讲一般包括竞聘演讲、观点阐述演讲、辩论式演讲等形式。竞聘演讲一般是竞聘上岗时的施政演讲；观点阐述演讲是针对相关主题的个人观点阐述的演讲，一般是与岗位相关的问题或一些社会热点问题等；辩论式演讲是就某个两难问题，将应聘者分为两个对立小组进行辩论来阐述和维护自己观点的演讲。

演讲主要用于考查应聘者的分析推理能力、反应理解能力、语言表达能力、言谈举止和风度气质等。

3. 演讲的操作流程

演讲的操作流程较为简单，如图 6-12 所示。

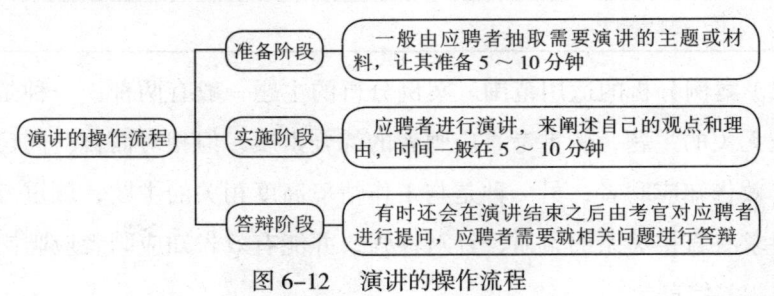

演讲的操作流程：
- 准备阶段：一般由应聘者抽取需要演讲的主题或材料，让其准备 5～10 分钟
- 实施阶段：应聘者进行演讲，来阐述自己的观点和理由，时间一般在 5～10 分钟
- 答辩阶段：有时还会在演讲结束之后由考官对应聘者进行提问，应聘者需要就相关问题进行答辩

图 6-12　演讲的操作流程

4. 演讲的示例

指导语：你好，现在请你就以下给定的主题进行演讲，时间 5 分钟，在演讲开始前，你有 5 分钟的准备时间。

你认为在现在市场经济的大潮下，雷锋精神还需要吗？

九、模拟面谈

1. 模拟面谈的定义

模拟面谈是角色扮演中最常用的方法之一，是考官给应聘者设计的一个需要通过沟通方式来解决问题的情境，应聘者在面谈过程中通过与考官或其助手所扮演的谈话人进行一对一的沟通来完成特定的任务。这个谈话人可以扮演应聘者的上司、同事、下属、客户等与工作相关的角色，甚至可以是采访记者，通过向应聘者提出问题、反驳应聘者的观点、拒绝应聘者的要求，来引发应聘者的相关行为反应，考官则观察其模拟面谈过程中的语言和行为并做记录，最终做出评价。

2. 模拟面谈的适用范围

模拟面谈主要考查应聘者的说服能力、语言表达能力、冲突处理能力、人际敏感性、思维灵活性与敏捷性、仪表仪态和风度气质等。

十、搜寻事实

1. 搜寻事实的定义

搜寻事实首先给予应聘者一个关于其所要解决的问题的少量信息，然后应聘者可以用创造性的、具有洞察力的方式向一个能够提供信息的人咨询额外的一些情况。如果应聘者提出的问题比较模糊，其所得到的答案也比较宽泛；如果应聘者提出的问题比较具体且切中要害，那么就会得到有利于解决问题的有价值的信息。在不断的提问和回答之后，要求应聘者给出解决问题的具体措施和建议。

2. 搜寻事实的适用范围

这种测评方式对信息源的要求较高，需要考官或信息提供者有充足的信息，以便及时提供对应的信息给应聘者；同时有些测评要求应聘者必须熟悉该类工作及相关的信息才能有效进行提问和最终提出解决方案。通过搜寻事实的测评方法可以考查应聘者获取信息的能力、分析问题能力、逻辑推理能力、决策能力、抗压能力、反应判断能力及社会知觉能力等。

案例 6-3 文件筐测试举例

风华餐饮集团成立于 2000 年,是全国知名的餐饮连锁集团,其核心子公司风华酒店管理有限公司于 2005 年成立,现已在全国开办了 30 余家直营连锁店,并荣获"全国绿色餐饮企业""中华餐饮名店"等多项荣誉。其后,风华集团陆续成立了小灶台酒店管理有限公司和翠湖酒店管理有限公司,分别主管湘菜和云南菜,并在全国几个城市开设了分店。随着业务规模的不断扩大,公司总部考虑将物流中心、中央厨房等事业部转化为独立核算的专业中心,为全国的子公司和连锁店提供更加专业化的服务。

公司在成立之初的人员构成主要是亲戚和朋友,目前大都在公司管理层担任要职。随着企业的不断壮大,董事长魏刚发现,这些人员由于自身能力的限制,已经越来越难以满足企业发展的需要,在未来这一问题将会更加严峻。

您(王峰)是集团公司人力资源部部长,您的直接上级是公司的董事长宋强,他还兼任风华酒店管理有限公司的总经理。您有三位直接下属,分别是劳动关系与招聘主管、绩效薪酬主管和培训主管。另外,各分公司和事业部均设有人力资源部,由部门经理向您汇报工作,分公司人力资源部直接管理各直营连锁店的人力资源工作。

现在是 2016 年 8 月 25 日下午 13:00,您刚刚出差归来,到办公室处理累积下来的电子邮件和电话留言等信息文件,16:00 您还要赶往机场,赴外地处理一件非常紧急的事情,因此,您必须在 3 个小时内处理好这些文件。在这 3 个小时里,没有任何人来打扰您。好,现在可以开始工作了,祝您一切顺利!

任务:

在接下来的 3 个小时里,请您查阅文件筐中的各种文件,给出您对每个文件的处理思路,并做出书面表述。

具体答题要求是:

（1）请您给出处理问题的思路，并准确、详细地写出您将要采取的措施及意图。

（2）在处理文件的过程中，请认真阅读情境和10个文件的内容，注意文件之间的相互联系。

（3）在处理每个具体文件时，请重点考虑：

①需要准备、收集和确认哪些资料和信息。

②需要和哪些部门或人员进行沟通。

③需要您的下属做哪些工作。

④应采取何种具体处理办法。

⑤您在处理这些问题时的权限和责任。

（4）问题处理可能出现不同的情况，针对不同情况都要给出相应的处理办法。

文件一

类别：电子邮件

来件人：李华 凤华公司人力资源部经理

收件人：王峰 人力资源部部长

王部长：

最近我统计了一下各连锁店的用工情况，发现我们用工紧缺的情况日益严重，尤其是一些一线城市的连锁店，服务员的招聘到岗率不足50%，厨师的招聘到岗率也不到70%，各个门店的员工目前都在超负荷工作，这肯定不是长久之计。我询问了各连锁店经理的意见，大家普遍反映的原因是我们的薪酬没有竞争力。我做了一些调查和统计，估计至少把我们普通员工的薪酬提高20%才能确保人员到位。这件事情想听听您的看法和建议。

文件二

类别：电子邮件

来件人：刘旭 市场运营部部长

收件人：王峰 人力资源部部长

王部长：

前段时间，我们市场部联合信息管理部开发了一个"风华店小二"的移动互联网应用软件，主要包括"点餐"与"外卖送餐上门"两项功能。点击"点餐"一栏，就能在所在城市选取门店地址，完成用户姓名、联系方式、用餐人数、用餐时间等选项的注册后会跳转至点菜环节提前点菜。顾客通过这个应用软件订位并点餐，可以提高我们的工作效率并节约顾客的等候时间，后厨接到订单后可以在非繁忙时段提前准备，顾客到店后只要报订单号，稍加等待就可以用餐，非常方便，因此很受顾客欢迎。另一项"外卖送餐上门"服务也有很大的需求，但随着业务量的扩大，可能还需要雇用更多的外卖送餐人员，由于涉及人员招聘的问题，我们想和您深入讨论一下。

文件三

类别：电子邮件

来件人：田丽欣 培训主管

收件人：王峰 人力资源部部长

王部长：

最近我一直在考虑我们集团培训模式的问题，我们当前采取的是分店自主培训模式，这种方式易于操作，但很难保证培训结果的一致性，另外，由于培训资源比较分散，也难以确保培训质量。我研究了其他一些大型餐饮集团的做法，发现很多企业都成立了自己的培训中心或培训学校，由集团统一招聘新员工，经过统一培训后再分配到各连锁分店，我认为这种模式很适合风华。这个方案除了涉及培训，可能还涉及招聘方案的改变，我想听听您的想法。

文件四

类别：电子邮件

来件人：夏明远 绩效薪酬主管

第六章　招聘面试并不难

收件人：王峰　人力资源部部长

王部长：

最近在公司内部进行的员工满意度调查结果出来了，我着重分析了与绩效和薪酬相关的部分，发现员工普遍对公司的绩效考核制度和薪酬制度不太满意，这部分得分明显低于其他项目。从开放性意见的收集情况来看，主要是当前没有量化的绩效考核体系，员工的考核结果只跟考勤和顾客投诉挂钩，如果出现缺勤和顾客投诉的情况，会扣减相应员工的工资，但员工表现很好，却没有相应的奖励措施，优秀者和普通者的薪酬没有差别，这种情况持续下去，一定会影响员工的工作积极性。我考虑是否可以改进当前的考核激励模式，为每个店每月的营业额定一个基础值，超过这个基础值的部分，可以按一定比例为员工发放奖金。这个想法还不成熟，希望和您讨论一下。

文件五

类别：电话留言

来电人：宋强　集团董事长兼风华公司总经理

收电人：王峰　人力资源部部长

小王：

你回公司后到我办公室来一趟，我想和你讨论一件棘手的事情。你知道公司的几位副总都是在公司成立之初就和我一起打天下的，有我的亲戚，也有我的朋友，实事求是地讲，没有他们就没有风华的今天。但现在的客观情况是，他们虽然忠心耿耿、任劳任怨，但能力上确实不能满足公司当前的发展要求。他们都是公司的股东，如果让他们把职位让出来在情理上又不太合适，这件事情我考虑了很长时间也没想出稳妥的处理方法，想听听你的意见。

文件六

类别：电话录音

来电人：孙婷　中央厨房事业部部长

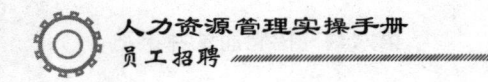

收电人：王峰 人力资源部部长

王部长：

宋总在上周的公司高层管理人员会议中强调，以后要将中央厨房、物流中心等事业部从集团中剥离出去，成为独立核算的专业中心。我非常支持集团这一做法，我们部门的工作就是为各门店提供成品和半成品的原料，保障各门店菜品的质量，减少门店采购和后厨的工作量，提高标准化程度。独立核算可以让我们各事业部的工作更专业、更精细。但考虑到独立核算的问题，我认为像我们中央厨房这样的部门没有必要在每个有分店的城市都设置分支机构，在一线城市可以继续保留中央厨房分支机构，但有些二线城市只有一家门店，如果再设立分支机构，从管理和成本上来看都不合适，不如把这部分工作划分到各门店的工作中。我的想法不太成熟，所以，我想和你一起找宋总约个时间谈谈，方便时请与我联系。

文件七

类别：电话留言

来电人：张文军 翠湖公司人力资源部经理

收电人：王峰　人力资源部部长

王部长：

前段时间我们分店出现了好几起厨师跳槽的现象，而且都是店里的主厨。您知道他们都是公司的核心员工，离开后对我们的影响非常大，培养和招聘合格的厨师不仅成本高，还要耗费一定的时间，顾客数量和业绩都受到明显影响。据我私下了解，他们大都被我们的竞争对手以高薪挖走，待遇方面也明显比我们这儿好。我担心长此以往会影响我们的核心竞争力，所以建议从集团层面出台一些特殊政策，为一些核心的、对公司发展具有重要影响的人才提供有效的激励措施。您有空费心替我们考虑一下，随时与我联系。

第六章 招聘面试并不难

文件八

类别：电子邮件

来件人：秦凯阳 战略发展部部长

收件人：王峰 人力资源部部长

王部长：

上个月，我们对公司今年开设新分店的数量有一个大致的设想，风华拟增加4家分店，分别在北京、天津、济南和兰州，其中兰州店是该地区的第一家店；小灶台计划在上海和北京开设第二家店；翠湖也计划在北京开设第二家店。魏总的意见是不要冒进，在各种条件都具备的情况下，稳扎稳打地发展我们的规模。我已经和财务部讨论过了，他们拿出了一个大致规划，我希望人力资源部也配合我们做一个人力资源方面的规划，从人力资源方面来看有哪些需求和问题。请您大致考虑一下，方便的时候和我约个时间。

文件九

类别：电子邮件

来件人：郭轩 客户服务部部长

收件人：王峰 人力资源部部长

王部长：

从以往的工作经验来看，不同的细分客户有不同的价值追求，有的客户对价格敏感，有的客户则更关注服务质量。针对风华集团以客户需求为导向的服务方向，我们部门想新设置一个客户数据分析岗位，其主要职责定位是结合客户数据资源和客户特点进行客户细分，再结合人口统计和客户价值准确定位目标客户，最终帮助风华摆脱"价格"竞争而进入"价值"竞争。在日常工作中，这个职位的任职者需要不断采集和汇总客户需求信息，也可以通过客户问卷调查的方法进行集中性的采集分析。但如何定义这个职位的任职标准、用什么方式招聘，我们没有经验，想请人力资源部帮助我们参谋一下，您有时间请和我们联系。

文件十

类别：电子邮件

来件人：白春颜　劳动关系和招聘主管

收件人：王峰　　人力资源部部长

王部长：

按照您的要求，我对各公司的离职率进行了分析比较，发现小灶台公司的离职率为 12% 左右，远低于集团 30% 的平均离职率水平。我觉得有必要对小灶台公司的管理经验进行深入分析，并在集团范围内推广，特别是在当下招人和留人都比较困难的情况下，此举不仅有助于我们降低离职率和用工成本，还对集团的长远发展具有非常积极的意义。具体是否有必要进行分析、如何分析以及如何推广，还请您指示。

【解析】

文件一

（1）解决用工紧缺的问题，不能仅局限于在公司人事专业人员之间进行讨论，还应该扩大到直线部门及相关部门以及请示上级领导，甚至社会相关方面，一同进行讨论、分析和解决。

（2）进一步充实和加工已有数据，注意连续时间的纵向比较和公司部门间横向比较的统计分析，注意与社会上同行业、同规模、同阶段、相似文化的公司进行比较。

（3）对于薪酬方面的调查，特别是对薪酬战略的公平性方面的调查，应该在对外公平的基础上，注意对内公平性、员工自身公平性及程序的公平性等方面调查。同时，注意调查薪酬战略目标的其他方面和薪酬战略构成方面的相关情况。

（4）建议进一步调查影响到岗率的其他相关指标，即除薪酬之外其他可能原因，如新岗位工作内容的意义、晋升机会、工作时间弹性、上司支持程度、工作环境等。

（5）建议调查当地外来务工政策、法规、市场等方面的情况，进一步探索外部用工环境的问题。

（6）深入调查内外用工制度，包括薪酬制度、招聘制度、绩效制度及与外部劳务市场公共关系制度（含体制）等。

（7）针对内外困境大的情况，建议考虑人力资源开发策略和措施，如人力资源策略中的与企业战略创新策略匹配的投资策略，包括：

①筹建外地的招聘基地或专门的培训基地，从基地直接"空运"人员。

②加大现有基层岗位人员的培养力度，完善晋升路径。

（8）加强职业规划体系、企业文化氛围体系、员工关怀体系等的建设，全方位地增强企业的吸引力。

（9）在薪酬调整提升方面，掌握基本的双重原则，即既吸引和留住员工，又控制好人工成本。

（10）切实解决现有用工超负荷问题，可协助员工进行工作压力管理并实施员工援助计划，改变员工流失的现状。

（11）把员工流失、招聘等工作问题，作为管理人员的重要考核指标，将其加入胜任特征指标及绩效考评指标中。

（12）注意建立人员流失及工作需求的警戒线制度，以及与企业经营和效益相关的风险控制机制，进一步完善企业用工体系。

文件二

（1）此类问题不单是"雇用更多的外卖送餐人员"的问题，还涉及由"点餐""送餐"软件带来的一系列问题，建议从整体再造的角度对运营系统进行重新设计，即由此带来的问题属于战略调整及设计。

（2）从流程再造的角度，对各环节的业务量进行系统分析，明确估算各环节业务量用人需求和体制的适应需求。

（3）从业务量的角度，对再造的整体结构性问题进行分析，判断该问题是否涉及组织结构的改变与再造，并由此追溯和分析管理体制、治理结构及产权关系等方面的连带问题。

（4）考虑是否需要调整相应企业战略，即检查原来是否有企业战略？如果有，是否适合现在新的业务需要？如果没有，如何设计新的适合需要的企业战略？

（5）依据企业战略，设计新的人力资源策略，包括相关各方面的人力资源模块策略。

（6）注意设计人力资源管理体系与机制，并全面设计人力资源管理实务工作，如体系、制度、流程、方法等。

（7）编制人力资源预测体系，对需求与供给作出系统的分析和预测，在数量、质量和结构方面制订相应的规划与计划。

（8）编制招聘规划与计划，开拓新的招聘渠道和方式，如志愿者、实习者，创新地解决"雇用更多的外卖送餐人员"的问题，同时设计好配套的招聘环境体系。

（9）建议制订相应的培训计划、绩效考评体系和薪酬体系，为增加人员产生的新情况、新问题提供解决方法。

（10）设计更多、更佳位置的新连锁店网点比雇用外卖送餐人员更重要，对于如何解决由"软件"带来业务量扩大的问题，要做好市场调查和全面分析布局。

（11）伴随新网点的资金投入，可能产生新的投资来源以及引进新投资的合作方式等问题，需要制定相应的集团化运作方略。

（12）注意完善所有扩展、投资及其运营中的规范和风险防范体系，全面设计集团化管控体系及企业社会责任体系等。

文件三

（1）此类问题不仅是培训本身的问题，还涉及管理体制。建议首先界定集权与分权的管理体制模式，即集团总部与分（子）公司的权利分配关系。

（2）依据企业现状，考虑企业集团管控问题，选择适合企业发展的管控模式。

（3）从连锁店模式可看出，实行统一培训具有战略意义，应该根据管控模式对其进行细化研究。

（4）以公司的整体战略部署和公司文化为依据，研究适合我公司的培训方式，形成公司的培训文化。

（5）注意兼顾员工的职业生涯发展需求和组织职业规划需求，在组织职业规划的指导下设计员工培训与开发体系。

（6）在公司的制度、资源、运营层面搭建培训模型，并在培训需求分析、培训计划制订、培训活动组织实施以及培训效果评估等基础上，构建完整的培训体系。

（7）关注企业大学的企业性、战略性、自主性和针对性，整体设计企业大学模式，使企业大学组织模式从内向型向外向型定位，从指导型向战略综合型发展。

（8）从学习型组织的角度，构建五项修炼的重要因素，并构建组织学习力，把握企业大学的实质。

（9）注意以岗位职责和胜任特征为依据来构建学习内容，并以培训制度的形式将培训工作及管理固化下来。

（10）注重培训成果转化，全面把握培训成果的应用计划、实施、监控，注意各方面在转化中的辅助作用。

（11）依据公司的总体要求，注意与招聘、绩效等方面的一体化关联，全面提升我公司在招人、育人、管人的流程和方法上的一体化程度。

（12）人力资本理论和实践在人力资源实务中具有重要作用，要注意发挥人力资本各方面的作用，提高人力资本存量和增量。

文件四

（1）此类问题表明，我公司人力资源管理的规范化还较差，这不仅是局部调整的问题，还应该进行更加全面、系统的调查，以确定规范化的整体部署。

（2）授权绩效薪酬主管整理公司目前的绩效考评方案，并召开各相关部门的联合会议，传达此次绩效考核改革的目标和整体思路，并加以讨论，最终确定绩效考核指标。

（3）单纯的规范化已远远不能满足集团公司发展目标的需要，应该从战略角度规划整体的发展需要，并结合其他相关模块规划全面性战略。

（4）对绩效和薪酬进行更加全面而深入的调查，从根本和战略上解决此类问题。

（5）绩效和薪酬问题，不仅是奖和罚的问题，它还涉及公司内部的整体激励问题。而就整体激励问题而言，它不是只通过绩效和薪酬就能实现设计的，还要结合企业文化等多方面，才能构建出整体、全面且符合实际需求的激励体系，进而有机地搭建起完善的由激励机制引导的企业发展和员工关怀体系。

（6）基础工作是工作分析方面的说明书，需要优先加强绩效管理的基础工作，并在此基础上，结合企业的发展战略，规划并实施具体的设想，从而建立符合公司需求的岗位胜任特征模型体系。

（7）建立包括内外激励、物质与精神激励、个人与组织激励等在内的全方位的激励模式，关键要做好动机分析。

（8）通过关注长期的（薪酬）激励模式，引进经营者年薪制、股票期权、期股制度、员工持股计划等方式，设计适合公司需求的战略性激励模式。

（9）设计具体的激励模式要考虑各个激励主体的特点，尤其要考虑各种团队绩效与薪酬的建设工作，做好不同类型团队的绩效和薪酬管理体系，包括跨国团队的战略性绩效与薪酬激励体系。

（10）以绩效棱镜和KPI原则为指导，运用目标管理、关键绩效指标、平衡计分卡等方法，设计绩效管理体系，重点设计绩效指标。

（11）在细节性的绩效指标体系中，应该完整、切实地引入关键绩效指标、岗位职责指标、岗位胜任特征指标、工作态度指标和否决指标等战略性绩效指标体系。

（12）在长期薪酬激励的基础上，结合集团发展需要，设计弹性福利计划，提升福利方面对于整体激励和企业文化的辅助作用。

（13）在设计构思绩效和薪酬时，注意与招聘、培训等模块的相关整体联系，包括涉及企业社会责任问题的提出。

（14）安排绩效主管注意收集管理者与员工对此次绩效方案的评价和反馈，为下次的方案制订提供依据。

文件五

（1）邮件或电话回复，约见面详谈。

（2）此类问题是家族型企业转型中高管家族人才调整的问题，应该从整个集团战略性发展的思路和布局来解决人才难题。

（3）构建符合家族企业的企业文化，是解决高管人事调整、使用问题的软实力和前提条件。

（4）授权下属准备相关部门的组织结构图、岗位责任说明书以及部门内每位员工的相关资料。

（5）根据人力资源策略要求，从集团整体战略角度，分析提炼人力资源策略，分析高管人才对于人力资源策略的适合度，以此来决定针对高管人才的策略，不能一概否定家族高管人才的作用。

（6）产权与治理结构问题是高管人才管理的根本点，建议采用所有权与经营权相分离的模式，构建新的公司治理结构。

（7）成立新的领导班子，并从企业战略的需要和企业文化的融合角度，深入分析和预测新班子的前景。

（8）在新的治理结构下，设计新的管理体制，把高管人才置于体制下，为其寻求适合的角色和机会。

（9）高管人才问题的基础性工作是工作说明书和岗位胜任特征模型，要进一步考查胜任特征，做出比较科学的测评和分析，由此发挥其在规划、招聘、培训和绩效管理方面的作用。

（10）从人力资本的角度对高管人才进行管理，注意人力资源的存量和增量，发挥所有高存量人力资本范围人员的作用。

（11）在新的体系下，构建集团管控体系，寻求适合集团的人力资源管控模式，在其中找到高管人才发挥作用的基地。

（12）家族式企业中的高管人才有其特殊性，应该特别注意对其进行培训方面的磨炼，尤其是从新型企业培训文化的角度，实施学习型组织，注重学习成果转化。

（13）在绩效管理方面，建立可以较好衡量高管人才团队管理能力的战略性绩效管理体系。

（14）在薪酬方面，实施经营者年薪制，并构建长期的激励薪酬体系，采取有效的方法带领一批优秀的团队来经营家族企业。

文件六

（1）此类问题取决于管理体制和信息化程度，即集权与分权的程度及其模式，它决定了延伸到基层的管理方式和程度，即信息化的高效系统能够协助管理的程度。

（2）检验下属门店和其他机构设置的合理性是其首要问题，要注意判断下属门店和其他机构的设置与企业战略和总体布局之间是否存在矛盾。

（3）在管理体制的基础上，注意集团管控模式对组织结构的影响，并在财务管控型、战略管控型、运营管控型之间进行合理选择。

（4）在实行专业中心的基础上，进一步确定是采取依托型还是独立型的职能机构管理方式。

（5）注意考虑组织结构设计的前提，如社会科技变化、行业变化、业务及销售变化、内部管理变化、并购变化等。

（6）通过衡量集团的持续增长能力、核心资产能力、维系关系能力、利用资源能力等，合理定位集团组织结构。

（7）集团顶层组织结构关系到集团总部职能机构的再造问题，应当首先对其进行设计，具体包括职能设计、流程设计和系统设计等。

（8）工作分析与评价是组织设计的基础要素，应该对各方面任务、工作、岗位、班组、部门等组织的职责和价值等进行深入的调查和分析，掌握第一手素材，进而划分好组织体系，找出关键部门。

（9）完善现有制度体系，不能只是理解组织结构问题，也要有制度支撑。

（10）建议关注组织运行结果的反馈和组织有效运行的注意事项，如功能检查、效率评定、协调关系监督等。

（11）建议从人力资源管理的其他模块角度检验组织结构的可行性，如招聘的方便程度、绩效的衡量可行性、培训的组织可行性、纠纷与关怀的辐射程度、薪酬的支付成本等。

（12）开创性地设计新的组织结构及其运行机制，开拓新的前景，如服务功能外包、战略功能强化、总部影响力增强等。

文件七

（1）建议不要急于考虑特殊政策，先对整体的用人政策做一个通盘的检查，特别是从集团战略的角度做出适应战略的检查，以鉴别基本规范及深度机制。

（2）授权下属，做好厨师岗位的工作分析和评价，为整体薪酬分析奠定基础。

（3）全面深入地调查外部人才市场和同行业人才管理现状，从多方面考察人才机制与外部环境，准确判断竞争力。

（4）提升观念，从人力资本的角度对核心人才的筛选和管理进行通盘考虑，构建系统的人力资本存量与增量体系。

（5）从激励角度对人才的激励机制进行通盘筹划，包括内部激励、外部激励、物质激励和精神激励等。

（6）从企业文化总体辐射角度，搭建人才的心理满足和发育空间，营造特殊的培养机制与体系，充分挖掘人才心理契约机制。

（7）在团队管理方面，应充分信任核心人才，使核心人才能够充分施展才华和发挥作用。另外，搭建人才晋升机制、拓宽人才成长平台，锻炼和挖掘专业人才的管理才华。

（8）在工作价值评价和人员素质评价等方面，注意建立专业人才的测评体系。

（9）在工作说明书和岗位胜任特征模型方面，建议构建系统完善的规范体系。

（10）在绩效考评方面，要从绩效棱镜的角度出发，完善战略性绩效观念和方法，建立专业人才的特殊考核机制。

（11）在薪酬管理方面，除专门的薪酬政策和模式外，还应考虑使用弹性福利计划来关心和支持核心人才。

（12）注意从工作之外的关怀和工作压力的舒缓两个方面，对核心人才给予支持，并恰当运用员工帮助计划解决各方面的可能问题。

（13）在与核心人才关联的其他具体方面，建议扩大范围，对感化因素及程度进行深入分析，如对于家属的关怀或调动等。

（14）在专业技术人员竞业限制方面，建议加强全方位的策划和布局，全程管控各种专业技术，同时做好多方面的利益驱动。

文件八

（1）开设新店的问题，不仅是数量和资金的问题，还有投资模式、管理模式、营销模式等的辐射和制约，建议战略发展部首先提出一个总体的战略构想。

（2）集团人力资源规划涉及企业整体布局。涉及大的问题包括企业战略、企业文化；涉及具体的问题包括产权关系有无变化（包括被动或主动引入资金）、公司治理结构的变化、管理体制的再造、组织结构的再造，这些都会直接影响人力资源规划。

（3）注意集团在观念上要做出决定性的表态，要把人力资源管理提升到人力资本的观念高度，把人力资源职能性管理提升到人力资源管控的基本指导思想上，进而再造人力资源体系。

（4）建议财务部门根据战略性规划指导意见做出总体设计，这有利于人力资源费用的控制、高端人才的保留及整体薪酬战略特别是长期激励的设计。

（5）对于魏总的"不要过于冒进"，我的理解包括两层意思：

①整体进度把控要谨慎，进度包括设计与实施的进度和采取的试点方法。

②准备要充分，准备包括基本条件的准备和环境氛围的营造。

（6）产权问题对于人力资源的规划具有直接决定作用。从集团发展的角度，建议分离所有权与经营权，即把董事会与总经理班子的职能和人选分开。对于涉及引资兼并的问题，需要提供一定的产权合伙的相关制度，而制度又直接涉及高端人才及其整体薪酬的政策。

（7）对于公司治理结构的问题，主要涉及四个方面：整个集团管理的决定权体制；各方面决策人的人选；经理领导班子高管人员的选拔；后续分店扩张的负责人和决策整体机制。

（8）管理体制直接关系到扩张后集权与分权的界限问题。管理体制确定后，分店扩张的布局中还会涉及权力程度及其相关方面的问题，这直接说明了扩张不只是数量的问题。

（9）就管理体制而言，若采取集团管控的模式，其后具体的分店扩张都要在其管控模式下操作。

（10）集团组织结构直接涉及分店设置的相关规定，包括职能部门和管理权力、责任、义务等。

（11）确定了企业战略和企业文化模式后，还要确认人力资源策略和人力资本策略，并在此基础上指导整体人力资源管理体系及其工作的开展和分店人力资源的工作。

（12）具体落实人力资源管理各模块的总部与分店的体制与制度的各项规定。对于整体分店扩张，要做出谨慎的发展进度控制和风险控制预案。

文件九

（1）此类问题不仅在于客户岗位的设立问题方面，应该将企业总体战略提升到优质竞争战略的高度，将人力资源战略提升到参与策略的高度。

（2）此岗位招聘的关键在于工作说明书和岗位胜任特征模型，目前对于这种新设立的岗位，只能参考其他行业或单位的岗位特点，并结合我们的要求进行招聘。

（3）绩效标准的适合性以及与绩效管理联动是岗位胜任特征模式建立和评价的关键，建议认真模拟岗位的行为事件访谈，准确、客观地确定模型。

（4）这个问题不是单纯的招聘问题，解决此问题时，应注意岗位胜任特征模型在规划、招聘、培训和绩效等方面的应用，从人力资源管理整体系统角度着手解决。

（5）对于该岗位的招聘，提出以下建议：

①岗位招聘前，深入调查和分析劳动力市场的境况以及行业、地区的一系列法规、政策。

②在工作分析和岗位胜任特征模型的基础上，针对申请表、行为面试、背景调查等分别进行有效的运作。

③采取先进的心理测评方法，同时特别注意心理测评的一些禁忌。

（6）注意结合该岗位的特点，事先对培训体系做出有效的设计，以便新员工上岗后开展有效的培训及其继续教育活动。

（7）建议从战略角度建立该岗位的绩效考评体系，即以绩效棱镜和KPI原则作为指导，运用目标管理、关键绩效指标、平衡计分卡等方法，重点关注绩效指标设计的问题。

（8）构造符合战略需要的新企业文化体系，选择适合的企业文化模式，形成有效的内化体系，配合该岗位的招聘和留任员工。

（9）建议从岗位职业生涯发展规划的角度设计组织的职业发展规划，并为个人职业生涯提供良好的发展空间，从而使两者有效结合，达到长期留人的目的。

（10）建议从狭义的客户角度和广义的营销角度共同关注"价值"竞争，这涉及人力资源管理价值的界定和作用发挥。因此，在人力资源方面，要注意工作岗位价值评价和人力资本价值评价体系的建设。

第六章 招聘面试并不难

文件十

（1）小灶台公司的经验对集团及其他分公司是否有借鉴意义，其经验是否能够成为或替代集团员工流失的根本解决办法，还有待进一步探讨。

（2）对于离职率低的情况，不能单凭结果来说明过程和行为中的经验，其产生原因众多，包括主观努力、客观机会、偶发巧合等，应该深入分析、筛选并借鉴有效的经验。

（3）注意做好流失率的计算，如员工总流动率、员工流失率等，并将流失率细分为主动辞职率、被动离职率、员工辞退率、员工留存率等指标，对细化后的各项指标进行详细分析。

（4）编制员工流动率的定期调查表，考虑因素包括：企业工作条件和环境、员工家庭生活、员工个人发展和其他影响员工流动的因素等，并对这些因素进行适当的归纳概括，使之构成影响企业员工流动率的基本变量，进而成为企业定期进行统计调查的主要依据。

（5）注重测量和分析员工变动率的主要变量，主要包括：员工工作满意度；员工对其在企业内未来发展和企业外其他工作机会的预期和评价；非工作影响因素及其对工作行为的影响；员工流动的行为倾向等。

（6）注重员工流动率的其他分析方法，如对自愿流出者的访谈及跟踪调查、成本收益分析、群体批次分析、员工流动后果分析等。

（7）在现实条件下，除薪酬结构和水平外，还有许多影响企业员工流动的变量，包括新岗位的工作内容更有意义、晋升机会更多、工作时间更有弹性、上司更支持员工工作，以及更好的工作环境等。

（8）对于招聘、流失等问题，要注意吸引保留人才的角度和人工成本的界限，掌握好二者的平衡。

（9）要在文化融合等深层次开发新办法和新举措，构建一个良好的企业文化环境和氛围，使之成为减少流失、增强招聘竞争力的有效手段。

（10）建议关注直接性的员工关怀工作，减少工作压力，恰当使用员工帮助计划等方法。

（11）在员工个人和组织的职业发展规划方面，设计更加稳定、长久的企业人力资源管理体系，并从人力资本角度整体考虑员工管理。

【答疑解惑】

问1：组织应用文件筐测试方法时，有哪些问题要引起注意？

【解答】组织应用公文筐测试方法时，以下两方面的问题应该引起注意：

（1）被试者的书面表达能力是关键的测试因素之一。有的被试者在测试的过程中，将大部分时间花在思考上，而写下的文字却很少。例如，在2个小时之内，只处理了两份公文。这样，主考官很难对其做出评价。对此，现场考官应该适当提醒，要求被试者在处理文件过程中，必须将自己的决定或行动方案都以文字的形式表述出来。例如，出差回来后想做的事，要打电话的对象、内容，要对秘书或其他人直接讲的话，要采取的行动，想要召开会议的主题、时间、参加者，要召见的人、时间，要发文的文稿等。总之，每一件决定的事或要做的事都用文字表述出来。

（2）被试者常犯的错误是不理解模拟的含义。由于公文筐测试模拟的是真实的情境，许多公文可能是被试者平时看到过的（测评目的是选拔时尤其如此），有的被试者始终无法进入模拟状态，当问及如何处理时，则直接授权给某部门或下属去处理。

在公文筐测试中，被试者是假设的某一位总经理。在实践中，总经理可以将很多事情布置落实给某个部门。但是，在公文筐测试中，要求总经理写出对公文的处理意见，因此不能将所有公文授权给下属部门。即使需要授权，也需要把授权经过、授权对象、授权过程中的注意事项写清楚。因此，如果被试者对所有公文的处理意见都是"交代某部门处理"，显然与测试的目的和要求相去甚远。在指导语中必须提示被试者注意：如果需要授权，请详细写出授权对象、授权要求、跟踪内容等。

问 2：企业招聘时，为什么要做心理健康测评？

【解答】企业招聘时，做心理健康测评的目的在于评估应聘者的心理状态和心理能力，判断其是否适合从事该岗位工作。具体原因如下：

（1）预防心理问题。企业通过心理健康测评，可以预防一些应聘者患有心理疾病或者将来可能出现心理问题对工作产生影响的情况。

（2）保障企业利益。企业需要保障自身利益，避免招聘到患有心理疾病的人员，从而减少企业内部纠纷、损失和风险。

（3）提高工作效率。心理健康测评可以评估应聘者的心理素质、抗压能力、情绪稳定性等方面，以此判断其是否适合从事该岗位工作，从而提高工作效率和质量。

（4）促进员工发展。心理健康测评可以帮助企业发现员工的心理问题，并及时给予指导和支持，促进员工的成长和发展，从而增强企业的凝聚力和竞争力。

需要注意的是，在进行心理健康测评时，企业需要尊重应聘者的隐私权，遵循公正、公平、合法的原则，不能歧视或侵犯任何应聘者的个人权益。

问 3：应用心理测试时应注意哪些问题？

【解答】心理测试力求从更客观、科学的角度来揭示人的心理特征。应用心理测试时应当注意以下四点：

（1）要对使用心理测试的人进行专门的训练。

（2）要将心理测试与实践经验相结合。

（3）要妥善保管好心理测试结果。

（4）要做好使用心理测试方法的宣传。

第七章
人才录用与招聘结果评估

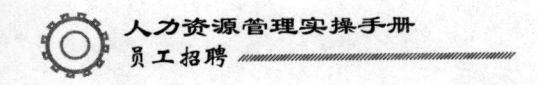

第一节　录用决策

一、录用决策的含义

录用决策，是指通过科学、精确的测算，对所招聘的人选进行权衡，实现人适其岗、岗得其人的合理匹配的过程。人员录用决策做得成功与否，对招聘有着极其重要的影响。如果决策失误，则可能使整个招聘过程功亏一篑，不仅会使组织蒙受重大的经济损失，还会因此延误组织的发展。录用决策的有效性取决于录用标准是否合理、决策流程是否规范、决策方法是否科学。

人员录用标准，如图 7-1 所示。两种标准都可以实现局部最优化，但通常将两种标准结合使用，可以互为补充，以便提高组织的整体资源配置效率。

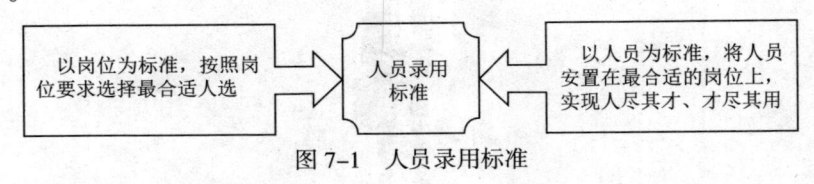

```
┌──────────────────┐      ┌────────┐      ┌──────────────────┐
│ 以岗位为标准，按照岗 │─────▶│ 人员录用 │◀─────│ 以人员为标准，将人员 │
│ 位要求选择最合适人选 │      │  标准   │      │ 安置在最合适的岗位上， │
│                  │      │        │      │ 实现人尽其才、才尽其用 │
└──────────────────┘      └────────┘      └──────────────────┘
```

图 7-1　人员录用标准

二、录用决策的程序

1. 补充完善人才录用的标准

企业人才的录用标准是进行人才录用的基本依据。一般来说，人才的录用标准应当在招聘与甄选流程实施之前就已确定下来，不过由于这两个环节的工作重点和要求有所不同，可以根据实际工作的需要对该项标准进行必要的提取和分解，并提出具体的招募甄选规范。例如，基于胜任特征模型的人才招聘，其甄选规范制定的依据主要是目标岗位的胜任特征模型。

例如，甄选流程的第一环节，即岗位申请表的审核，已经设定了三个层次的审核规范（或者称之为标准），即 A 类、B 类和 C 类。可以根据申请者对申请表中问题的回答情况（获得的证据），按照分级规范做出审核结论，即得到了第一环节的甄选结果。其实甄选阶段的申请表审核的流程与录用进行决策分析的过程基本上是一致的。它们之间最重要的区别是：第一，后者比前者更为复杂、精细；第二，前者的根本目的是淘汰不胜任者，后者的根本目的是找出可能存在的胜任者。

2. 整合甄选流程获得的数据

在审视并深入理解了录用标准之后，需要认真对人才甄选获取的测评数据和结果进行综合分析和处理。

虽然测评数据和结果已经在甄选过程中进行了必要的处理，但由于招聘人员在甄选流程中使用多种甄选方式方法，因此有必要对各种甄选工具所得出的数据或者证据进行整合，否则无法按照既定的录用标准进行决策分析。

在完成本步骤时，需要直接回答在进行决策过程中，是采用单一证据来源还是多重证据来源，是运用综合证据还是个别证据的问题。

3. 采用量化分析法进行决策

在对多个候选人的甄选资料进行汇总整合的基础上，可以采用以下决策分析方法。

（1）综合加权法。综合加权法是一种最简单的决策分析方法，即先对候选人各项胜任特征的综合得分进行加权，取得总分值后，再将其与录用标准要求的总分值进行对比分析，最后根据结果做出录用决策。

（2）立即排除法。立即排除法是在分别计算出各项胜任特征的综合分值后使用。企业在采用该方法进行录用决策分析时，应全面掌握所有候选人实际测量总分值的得分情况，根据录用策略的要求，作出具体规定。比如规定 8 项胜任特征中有 3 项达不到录用标准分值的，视为不合格；如果有 2 项达不到要求，但分差没超过该项标准总分 10% 的，可视为合格；如有 1 项达不到要求，但分差没超过该项标准总分 15% 的，可视为合格。

企业在采用这种录用决策方式时，应基于权变的管理原理，根据具体的实际情况，灵活地作出规定。因此，限于企业主客观情况的多样性和复杂性，实施这种录用决策方式时，录用决策者之间往往不得不对人才录用标准或质量要求做出必要的妥协。

（3）能位匹配方法。能位匹配方法也称能位匹配技术。这里的"能"，即人才及其本身的能力素质，而"位"即工作岗位。能位匹配技术不仅可以从非量化的角度对"人才"与"岗位"进行匹配，还可以从量化的角度对"人才"与"岗位"进行匹配。

从量化的角度进行能位匹配时，既可以对不同的人与同一岗位进行匹配分析，又可以对同一个人与不同岗位进行匹配分析。前者可以确定出谁是最佳候选人，后者则显示出个体最适合哪一类岗位。

例如，某家电公司拟招聘一位项目经理，该公司已经建立了该类岗位的胜任特征模型。在利用胜任特征模型对申请者进行评估时，它们选择了其中8项胜任特征作为评估基点，而且确定了8项胜任特征的标准分数，如表8-1所示。根据该公司人力资源部编制的《人才招聘手册》的有关规定，该类岗位的录用标准是参与评估的8项胜任特征达标分数的加权平均值，即8.11。因此，如果候选人胜任特征加权平均得分达到8.11，即符合录用标准。

该公司采用行为面试技术对通过岗位申请表初步筛选的12位候选人进行了严格评估，其中评估结果最好的是候选人A和候选人B，其在8项胜任特征上的得分情况如表7-1所示。通过固定程序计算，候选人A与候选人B 8项胜任特征的加权平均得分分别为8.5分和8.17分。

表7-1　A、B两位候选人8项胜任特征得分统计汇总表

胜任特征指标	标准分数	权数	候选人A 实际得分	候选人A 加权实际得分	候选人B 实际得分	候选人B 加权实际得分
影响力	7	1	7	7	9	9
结果导向	8	2	9	18	8	16
团队协作	8	3	9	27	9	27
分析思维能力	9	3	9	27	9	27

续表

胜任特征指标	标准分数	权数	候选人A		候选人B	
			实际得分	加权实际得分	实际得分	加权实际得分
变革创新能力	8	2	8	16	7	14
洞察力	9	2	9	18	8	16
信息收集	8	3	8	24	8	24
自我管理	7	2	8	16	7	14

很显然，候选人A与候选人B两人都超过了录用标准。但这并不等于候选人的评比工作已经结束。为了坚持优中选优的原则，提高录用的质量，还应继续对背景审查以及其他测评的数据和结果做出进一步分析，通过反复的比较分析，最终作出录用决策。如果最终的结果难分伯仲，企业决策者认为人才难得，也不排除两位候选人被一并录用的可能。

在采用能位匹配法进行录用决策分析时，还可以采用匹配程度指标（匹配率或不匹配率）对候选人的8项胜任特征进行评比。即使用加权绝对值比较法来计算两者的加权绝对综合值与其胜任特征得分总值的差异度，如表7-2所示。为计算方便，在该统计表中对所有胜任特征指标值都乘以10。从表中可以清楚地看出，候选人A和候选人B与岗位所要求的胜任特征总体程度的不相匹配率分别是10.94%和14.06%。由此可以得出结论，相对于候选人B来说，候选人A的工作岗位适合度更高些，为89.06%。

表7-2 A、B两位候选人8项胜任特征岗位匹配率统计分析表

胜任特征指标	标准分数	权数	候选人A			候选人B		
			实际得分	绝对差	加权绝对值	实际得分	绝对差	加权绝对值
影响力	70	1	70	0	0	90	20	20
结果导向	80	2	90	10	20	80	0	0
团队协作	80	3	90	10	30	90	10	30
分析思维能力	90	3	90	0	0	90	0	0
变革创新能力	80	2	80	0	0	70	10	20
洞察力	90	2	90	0	0	80	10	20
信息收集	80	3	80	0	0	80	0	0
自我管理	70	2	80	10	20	70	0	0

续表

胜任特征指标	标准分数	权数	候选人 A 实际得分	候选人 A 绝对差	候选人 A 加权绝对值	候选人 B 实际得分	候选人 B 绝对差	候选人 B 加权绝对值
合计	640	18	670	—	70	650	—	90
候选人不匹配率			70/640=10.94			90/640=14.06		

从上述量化能位匹配技术的应用结果来分析，候选人 A 应该是更理想的被录用者。为提高能位匹配技术分析的信度和效度，还可以使用其他统计分析的方法，对以上原始数据进行量化分析，但其结果基本上是一致的。

三、录用决策注意事项

1. 明确决策主体

决策主体，是指最后决定录用的人或机构，一般的原则是谁用人，谁拥有决定权。对于一般基层人员，由用人部门主管或人力资源部主管单独决定即可；而对于管理人员，尤其是关键岗位，可由用人部门提出，报总经理或董事会批准。

2. 尽量减少作出录用决策的人员

在决定录用人选时，必须坚持少而精的原则，选择那些直接负责考查应聘者工作表现的人，以及那些与应聘者共事的人进行决策。如果参与的人太多，会增加录用决策的困难，还可能造成争论不休的局面。

3. 录用标准要恰到好处

录用标准不可太高，也不可太低，要恰到好处。标准设定得过高，会导致"地板效应"的出现，即能够通过录用的人寥寥无几，使组织在招聘方面的投入得不偿失，也就失去了招聘的意义；如果太低，则会出现"天花板效应"，即通过录用的人员很多，从而增大了组织在招聘方面的成本支出。

4. 尽快作出决定

如今，人才竞争是十分激烈的，优秀的应聘者更是非常抢手，因此，必须在确保决策质量的前提下，尽快作出录用决策；否则，就很有可能错失即将到手的人才。作出录用决定之后,要对新员工进行一些简单的接待,这对减少或消除新员工的陌生感发挥着重要作用。新员工刚到组织时的所见所闻以及对工作环境的实际感觉,会巩固或动摇新员工关于选择该组织的决定是否正确的信心。在接待阶段,组织应让员工感到宾至如归,同时使他们产生被认同感与被重视感。

5. 留有备选人员

招聘实践中,经过层层甄选、面试,常会发现一些条件不错且适合组织需要的人才,但是由于岗位编制、组织阶段发展计划等因素限制而无法现时录用,却可能在将来某个时期需要这方面人才,此时,建立人才信息储备就显得很有必要。作为招聘部门,应将这类人才的信息纳入组织的人才信息库,包括个人资料、面试小组意见、评价等,不定期地与之保持联系,一旦将来出现岗位空缺或组织发展需要即可招人,这既提高了招聘速度,又降低了招聘成本。

一般而言,组织的人才储备通常分为内储和外储两种。内储就是暂时把预留人才储存在组织内部,这会带来一些成本问题,比如发放薪水、如何安置,尤其是关键部门的关键岗位的人才。通常大多数组织没有经济实力大量储备人员,只有经济实力雄厚的大公司才会选择这样做,以便在推进项目的时候可以及时补充人员。外储包括与外面的人才市场、猎头公司以及在职人员等多方面联系,关键是要清楚组织需要的人才在哪里、能否迅速到位,当然内储和外储同时使用效果最好。

【答疑解惑】

问1:应聘者希望的入职日期比用人公司所希望的要晚,并且远超出合理的范围,怎么办?

【解答】如果应聘者所期望的入职日期远超出用人公司能够接受的范围,可以与应聘者沟通协商,了解其延后入职的原因和具体可入职的时间,并说明公司招聘工作的紧急性。如果无法做出妥协,需要考虑是否将该应聘者淘汰,并寻找其他合适的候选人。但如果该应聘者的条件

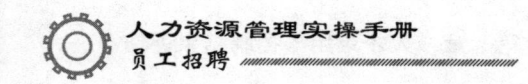

特别优秀，也可以考虑灵活调整公司的入职计划，以便吸引和留住该应聘者。

问 2：应聘者无法接受公司统一安排的工作时间、轮班时间或休息时间，怎么办？

【解答】如果应聘者无法接受公司的工作时间、轮班时间或休息时间，可以与应聘者商讨是否有其他可行的解决方案，例如，灵活安排工作时间、调整轮班计划、提供适当的补偿等。如果无法做出妥协，则需要考虑是否将其淘汰，寻找其他合适的候选人。

第二节　录用实施

一、通知应聘者

通知应聘者是录用工作的一个重要部分。通知分为两种，一种是录用通知，另一种是辞谢通知。

1. 录用通知

在通知被录用者时，最重要的原则是及时，有许多机会是由于在决定录用后没有及时通知应聘者而失去的。因此，录用决策一旦作出，HR 应该立即通知被录用者。

在录用通知书中，应该说清楚报到的起止时间、报到的地点、报到的程序等内容，在附录中详细讲述如何抵达报到地点和其他应该说明的信息。当然，不要忘记欢迎新员工加入组织。

在录用通知书中，要让被录用者了解他们的到来对组织发展的重要意义。应该说，这是组织吸引人才的一种手段，表明组织对人才的尊重。另外还要注意，对被录用者要一视同仁，以相同的方式通知被录用者，一般以信函的方式为佳。图 7-2 为录用通知书的一个范例。

```
                        ×××公司
                        录用通知书
    尊敬的 _____ 先生／女士：
    您应聘本公司 _____ 职位一事，经复核审议，决定录用您为本公司员工，欢迎您加盟本公司。请
您于 ____ 年 ____ 月 ____ 日 ____ 午 ____ 时之前携带下列证件、资料到本公司人力资源部
报到。
    （1）录用通知书；
    （2）居民身份证原件；
    （3）毕业证书原件、学位证书原件，其他与工作相关的资质证明；
    （4）体检表（区、市级以上医院体检证明）。
    报到后，本公司会组织专门的职前介绍和短期培训，以便您在本公司工作期间感到愉快。如果您
有什么疑惑或困难，请与人力资源部联系。电话：086-××××××××
    若您不能就职，请于 ____ 年 ____ 月 ____ 日前告知本公司。
    此致！
                                              ××公司人力资源部（公章）
                                                       年   月   日
```

图 7-2　录用通知书范例

2. 辞谢通知

一些组织以工作太忙为由，对未被录用的应聘者不予回应。其实，就组织品牌而言，这是一个不小的伤害。真正以人为本的组织，不会粗暴地对待任何一位哪怕是与组织要求相去甚远的求职者。向落选者发出辞谢通知，感谢其对组织的关注，是招聘流程中一个不可缺少的环节。辞谢通知书的范例如图 7-3 所示。

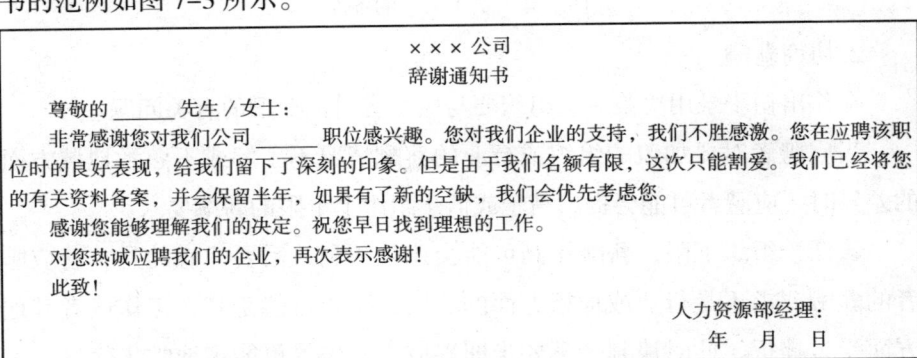

```
                        ×××公司
                        辞谢通知书
    尊敬的 _____ 先生／女士：
    非常感谢您对我们公司 _____ 职位感兴趣。您对我们企业的支持，我们不胜感激。您在应聘该职
位时的良好表现，给我们留下了深刻的印象。但是由于我们名额有限，这次只能割爱。我们已经将您
的有关资料备案，并会保留半年，如果有了新的空缺，我们会优先考虑您。
    感谢您能够理解我们的决定。祝您早日找到理想的工作。
    对您热诚应聘我们的企业，再次表示感谢！
    此致！
                                                    人力资源部经理：
                                                        年   月   日
```

图 7-3　辞谢通知书范例

3. 拒聘

无论组织如何努力吸引人才，都可能会发生接到录用通知的人不能来组织报到的情况。对于那些组织看重的优秀应聘者，这种情况是组织不期

望发生的事情。这时，组织的人力资源部甚至最高层主管应该主动打电话询问，并表示积极的争取态度。如果应聘者提出需要更多报酬，就应该与其进一步谈判。因此，在打电话之前，对于组织在这方面还能有什么妥协，最好有所准备。如果在招聘活动中，组织被许多应聘者拒聘，从中也可获得一些有用的信息。

二、办理入职手续

1. 员工入职的条件

当一名应聘者经过层层选拔被录用之后，正式进入该单位工作，这就是入职程序。一般来说，一个人在经过选拔评价各项胜任力都符合职位和组织的要求之后，是否能够正式进入该组织工作，还需要具有一些条件，如图7-4所示。

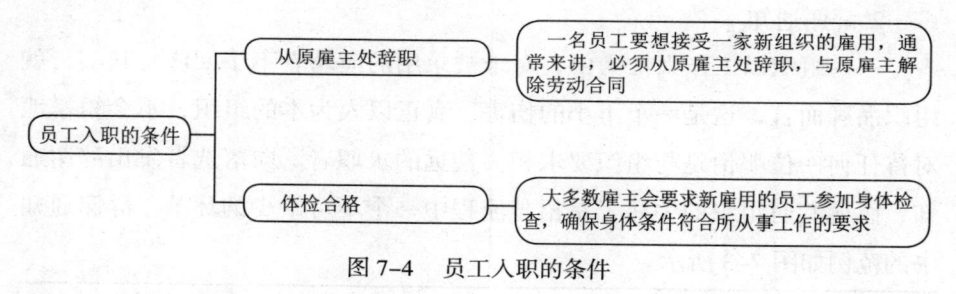

```
                   ┌─ 从原雇主处辞职 ── 一名员工要想接受一家新组织的雇用，通
                   │                    常来讲，必须从原雇主处辞职，与原雇主解
员工入职的条件 ────┤                    除劳动合同
                   │
                   └─ 体检合格 ──────── 大多数雇主会要求新雇用的员工参加身体检
                                        查，确保身体条件符合所从事工作的要求
```

图7-4　员工入职的条件

2. 协商薪酬

在作出初步录用决策后，组织要与应聘者讨论薪酬的有关问题。

当应聘者对要加盟的组织或行业的薪酬情况不了解或不熟悉地域方面的差异时，应聘者可能会提出高于或低于组织上下限的薪酬要求。

若低于组织下限，薪酬谈判可能会比较顺利，需要注意的是，若应聘者的薪酬要求不是行业或地域方面的原因，则很可能是其在工作或者其他方面受过挫折，此时谈判者不要当即答应，而应尽可能多地收集信息，了解其真实原因，以免出现用人风险。

若应聘者的薪酬要求过高，一方面可能是对地域、行业、组织的薪酬情况不够了解，另一方面可能是对自己的能力有过高的估计，再者，一些具有欧美文化背景的应聘者，其个性往往较为张扬，对此组织应仔细筹划、提供相关资料，并给予其一定时间去了解和思考。

3. 入职手续办理流程

某公司入职流程如图 7-5 所示。

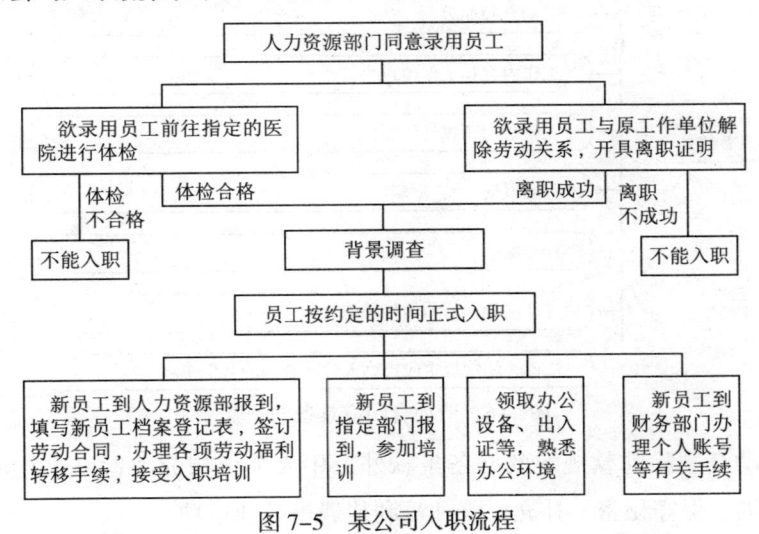

```
                    人力资源部门同意录用员工
                          │
              ┌───────────┴───────────┐
    欲录用员工前往指定的医            欲录用员工与原工作单位解
        院进行体检                   除劳动关系，开具离职证明
    体检│    │体检合格          离职成功│    │离职
    不合格│                              │    │不成功
    不能入职      └──────┬──────┘         不能入职
                      背景调查
                         │
                 员工按约定的时间正式入职
                         │
    ┌──────────┬─────────┼─────────┬──────────┐
 新员工到人力   新员工到    领取办公   新员工到
 资源部报到，   指定部门报   设备、出入  财务部门办
 填写新员工档   到，参加培   证等，熟悉  理个人账号
 案登记表，签   训          办公环境    等有关手续
 订劳动合同，
 办理各项劳动福
 利转移手续，接
 受入职培训
```

图 7-5 某公司入职流程

三、签订劳动合同

劳动合同是劳动者与用人单位为了确定劳动关系，明确双方责任、权利和义务的协议，是组织与员工之间双方合法利益的保障，是预防和处理劳动纠纷的前提。《劳动法》规定，劳动合同应当以书面形式签订。

在签订劳动合同之前，人力资源部必须查看新员工与原单位解除劳动关系证明，以防引起不必要的劳动关系纠纷。

1. 签订时间要求

劳动合同一般在自用工之日起一个月内签订。如果组织书面通知后，员工不与组织订立书面劳动合同的，应当书面通知其终止劳动关系，无须向其支付经济补偿，但是应当依法向其支付其实际工作时间的劳动报酬。

2. 劳动合同内容要求

劳动合同应当具备的条款如图 7-6 所示。

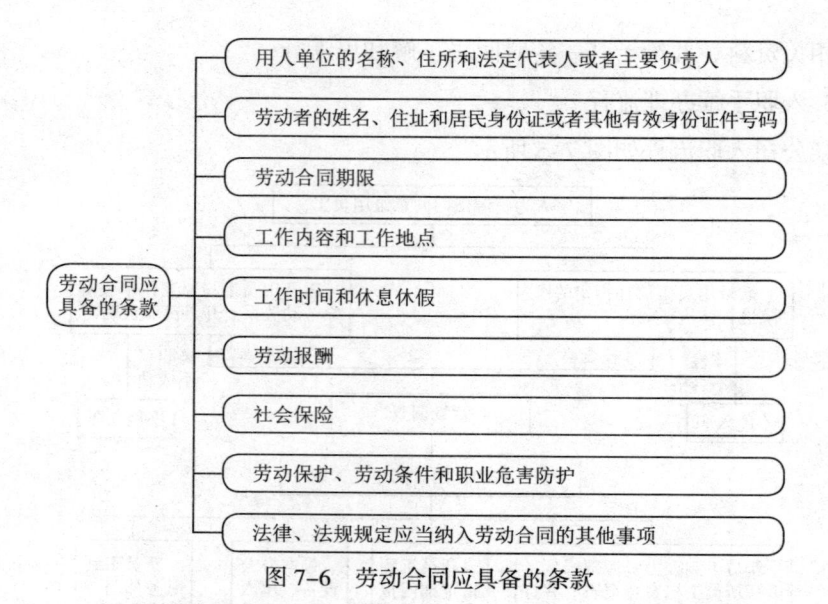

```
                    ┌─────────────────────────────────────────────┐
                    │ 用人单位的名称、住所和法定代表人或者主要负责人 │
                    ├─────────────────────────────────────────────┤
                    │ 劳动者的姓名、住址和居民身份证或者其他有效身份证件号码 │
                    ├─────────────────────────────────────────────┤
                    │ 劳动合同期限                                 │
  劳动合同应        ├─────────────────────────────────────────────┤
  具备的条款 ───────│ 工作内容和工作地点                           │
                    ├─────────────────────────────────────────────┤
                    │ 工作时间和休息休假                           │
                    ├─────────────────────────────────────────────┤
                    │ 劳动报酬                                     │
                    ├─────────────────────────────────────────────┤
                    │ 社会保险                                     │
                    ├─────────────────────────────────────────────┤
                    │ 劳动保护、劳动条件和职业危害防护              │
                    ├─────────────────────────────────────────────┤
                    │ 法律、法规规定应当纳入劳动合同的其他事项      │
                    └─────────────────────────────────────────────┘
```

图 7-6　劳动合同应具备的条款

劳动合同除前款规定的必备条款外，用人单位与劳动者可以约定试用期、培训、保守秘密、补充保险和福利待遇等其他事项。

3. 无效劳动合同说明

如果劳动合同属于下述三种情形之一的，属于无效或者部分无效的劳动合同。

（1）以欺诈、胁迫的手段或者乘人之危，使对方在违背真实意思的情况下订立或者变更劳动合同的。

（2）用人单位免除自己的法定责任、排除劳动者的权利的。

（3）违反法律、行政法规强制性规定的。

劳动合同的无效或者部分无效，由劳动争议仲裁机构或者人民法院确认。无效的劳动合同，从订立的时候起就没有法律约束力，不受国家法律的承认和保护。

四、试用期管理

组织的试用期管理的目的是确保所招聘录用的员工可以满足组织的需要，并在发现招聘的员工不符合岗位要求时能依法与其解除劳动合同。

试用期管理中，人力资源部门要让员工明确试用期的具体工作内容和考核要求，安置其至相应的工作岗位，安排其部门直接领导分配其具体工作，进行日常管理，并在过程中进行工作记录，以便为试用期考核提供依据。需要注意的是，组织应遵守《劳动合同法》规定的有关试用期限、试用次数、试用期工资等的相关规定。

五、正式录用

员工的正式录用即"转正"，是指试用期满且考核合格的员工正式成为组织员工的过程。员工能否被正式录用，关键在于人力资源部门和用人部门对其试用期工作考核的结果。一般正式录用的步骤如图7-7所示。

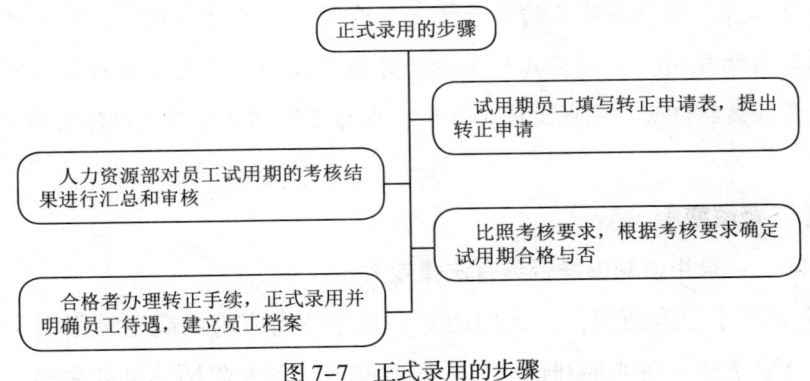

正式录用的步骤：
- 试用期员工填写转正申请表，提出转正申请
- 比照考核要求，根据考核要求确定试用期合格与否
- 人力资源部对员工试用期的考核结果进行汇总和审核
- 合格者办理转正手续，正式录用并明确员工待遇，建立员工档案

图7-7 正式录用的步骤

案例7-1 应聘人员无法提供离职证明怎么办？

2019年2月底，某旅游集团招聘1名资深的旅行规划师，经过人力资源部和旅游策划部的面试，双方一致认定候选人陈某是最佳人选。于是，人力资源部和陈某沟通了入职的薪资、职位、报到时间等。3月1日，陈某如约报到。在提供相关入职资料的时候，陈某无法提供离职证明。用人部门李经理认为，现在人手紧张，应该尽快让候选人到岗，没有离职证明也没有关系。人力资源部王经理却担心，这样做可能会引起用工风险。两人因此发生了激烈的争执。后来经人力资源部调查了解到，陈某的上家公司因为不同意陈某离职，所以一直没有为其出具离职证明。

请问：这种情况，人力资源部应该怎么做？

【解析】公司与员工形成劳资关系前,在员工报到的过程中,人力资源部应要求报到员工提供身份证、学历证、资格证书、个人简历、员工信息表、离职证明、社保卡、公积金卡、工资卡、相片等相关证件,并做验证。人力资源部主要关注员工相关证件(学历、专业资质)的真伪、是否与上家公司解除劳动合同、履历的真假,否则会有潜在的用人风险。

本案例中,由于陈某无法提供离职证明,这样会存在用工风险,主要在于陈某是否和其他公司还有劳动合同关系。人力资源部可以通过和陈某沟通,确认陈某与上家公司并无劳资关系,可以通过背景调查的方式辅助完成本工作。考虑到陈某的特殊情况,双方可以签订协议,说明无法出具离职证明的原因,并说明其应承担的责任。另外,陈某有权利向上家公司要求开具离职证明。完成上述工作后,人力资源部是可以录用陈某的。

【答疑解惑】
问1:录用通知书是否具有法律效力?

【解答】一般情况下,录用通知书是企业向应聘者简述录用岗位或职位、录取条件、薪酬福利待遇、入职时间要求等并限期答复的文书,而不是双方之间的正式合同。但是,在某些情况下,录用通知书可能具有一定的法律效力,如当双方明确表示同意接受录用通知书并达成共识时,录用通知书则成为一个双方都要遵守的正式合同。

问2:已发的录用通知书,企业是否可以撤销?

【解答】企业发送的录用通知书在未被接受前,通常是可以随时撤销的。这意味着企业可以自由地取消或修改录用通知书中列出的工作条款和条件,或者直接撤回该录用通知书。但是,一旦被接受并签署成为正式合同,企业就无法单方面取消或修改录用通知书,因为录用通知书已经转变为具有法律约束力的劳动合同,企业不能轻易地修改录用通知书。

问3:录用通知书应该在体检前发,还是体检后发?

【解答】企业在雇用员工之前,要看对各岗位体检身体条件的规定是否能够做到合法合规、合情合理。如果录用通知书中明确规定了岗位上岗的条件是具备某种身体条件，就代表了录用通知书要约成立的前提是体检合格。那么，录用通知书是可以在体检前发的。如果录用通知书中没有相关的规定，招聘信息中也没有相关规定，可以考虑在候选人体检之后再发录用通知书。

第三节　招聘结果评估

一、招聘结果的评估

一般来说，对招聘全过程的评估，可以从以下十方面着手进行。

（1）既定岗位的胜任特征模型中所包括的胜任特征指标是否必要和全面等。

（2）每一项胜任特征的行为指标是否准确、明了。

（3）广告定位的恰当性和内容的合理性以及受众范围和实效。

（4）应聘申请书的设计是否涵盖了主要岗位的胜任特征要求以及所设计的题目和所要考查的胜任特征是否具有高度相关性。

（5）行为面试过程的计划安排和准备工作是否有漏洞，主题设计是否达到预期水平，以及是否能够考查出所想考查的所有胜任特征。

（6）对面试主持人及其相关人员是否进行了有效培训以及主持面试过程中是否出现明显失误和不足。

（7）背景审查是否按要求进行并取得实效。

（8）所使用的各种甄选工具是否发挥出应有的效能以及候选人对整个招聘与甄选过程的看法、意见和建议。

（9）降低甄选标准的情况是否出现以及造成该结果的主观和客观原因。

（10）发出录用通知而候选人没有报到的情况是否存在及其存在的

原因。

二、招聘评估流程

在招聘工作结束后，人力资源部门对招聘进行评估，评估流程包括以下阶段。

1. 评估准备

评估准备阶段的主要工作是收集各类招聘过程记录、选择评估人员、设计评估方法及评估表单，对于大型招聘工作还需要成立专门的评审小组，制定评审规则。

（1）收集各类招聘过程记录是进行效果评估的第一步，收集的资料包括但不限于：

①求职者个人简历。

②求职者学历、职称、身份证。

③多轮面试记录。

④笔试答题卷。

⑤素质测评结果。

一般按照职位类别制作《招聘评估输入资料清单》，作为评估会议输入资料。

（2）选择评估人员。不是所有人员都具有评估能力，评估人员应具备的胜任能力和任职要求如图7-8所示。

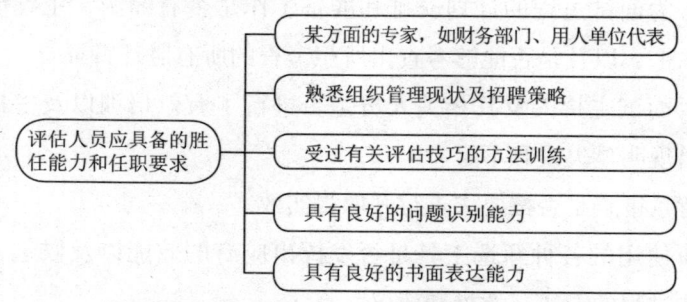

```
                        ┌─ 某方面的专家，如财务部门、用人单位代表
                        ├─ 熟悉组织管理现状及招聘策略
评估人员应具备的胜 ─────┼─ 受过有关评估技巧的方法训练
任能力和任职要求        ├─ 具有良好的问题识别能力
                        └─ 具有良好的书面表达能力
```

图7-8 评估人员应具备的胜任能力和任职要求

（3）设计评估方法及评估表单。评估人员确定后，需要根据评估需求设计评估方法及评估表单，此阶段主要完成的工作有：

①设计评估方法，对获得的各类信息进行整理。
②设计评估项目。
③设计评估项目权重及统计方法。
④设计评估过程应用表格。
⑤设计统计结果标准模板。

（4）成立专门的评审小组。对于大型招聘项目，要成立专门的评审小组，评审小组的主要职责如图7-9所示。

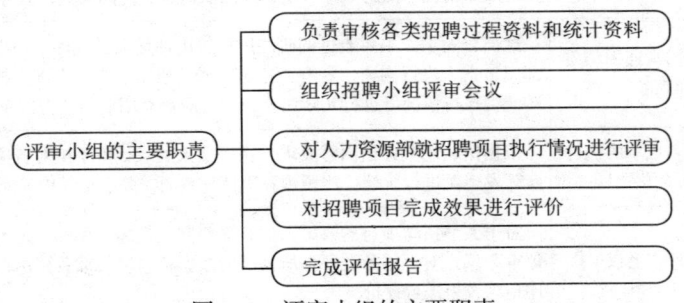

图7-9 评审小组的主要职责

评审小组的主要职责：
- 负责审核各类招聘过程资料和统计资料
- 组织招聘小组评审会议
- 对人力资源部就招聘项目执行情况进行评审
- 对招聘项目完成效果进行评价
- 完成评估报告

（5）制定评审规则。评审小组要明确评审方法，招聘效果评估评审规则如图7-10所示。

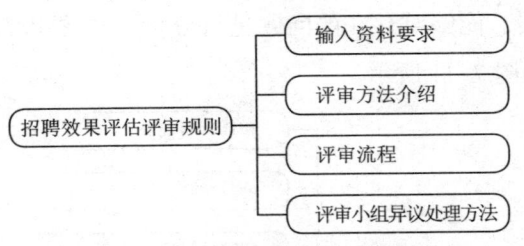

招聘效果评估评审规则：
- 输入资料要求
- 评审方法介绍
- 评审流程
- 评审小组异议处理方法

图7-10 招聘效果评估评审规则

2.评估实施

评估过程一般采用两种模式：

（1）评审会模式。评审会模式是指成立专门的评审小组，小组成员按照既定的规则对各类评估事项进行评价。评审会模式的主要优点在于评估事项比较全面，劣势在于需要大量的准备和评估过程管理工作。评审会模式一般适用于大型招聘项目的评估。

（2）调研法。调研法主要是针对用人需求部门进行的，是对用人部门招聘计划的实际完成情况进行的调查评价，调研人对用人部门相关负责人进行口头或者书面调查，了解用人部门的评价意见。

评估过程的主要内容如表7-3所示。

表7-3　评估过程的主要内容

项目	内容
核对各类招聘证据	对人力资源部提交的各类证据进行核实，明确招聘职位数量、招聘广告渠道发布情况、简历数量、笔试及面试数量、实际录取人数等信息
与用人部门沟通招聘质量和服务	这部分的工作主要通过调研法进行，由评估人员或评审小组与各个业务部门负责人进行沟通，就有关招聘完成的质量、服务态度、招聘速度、招聘流程执行情况等进行实际调查，调查应该有书面的调查记录
对各类招聘成本的执行情况进行汇总统计	根据招聘成本评估内容要求，由评估人员或评审小组对各类招聘成本的实际发生额进行统计，比照预算额计算差额，并分析其中的原因
召开评审会议	对于大型招聘项目的效果评估，除要完成上述工作外，还要召开专门的评审会议，对上述各类评估所需要的数据资料进行准备，由评审小组对整体招聘效果进行评价

3. 撰写招聘评估报告

招聘效果评估结束后，由评估负责人组织编写评估报告。评估报告应该符合客观事实，能够对存在的问题进行分析，并提出持续改进建议。评估报告的内容如图7-11所示。

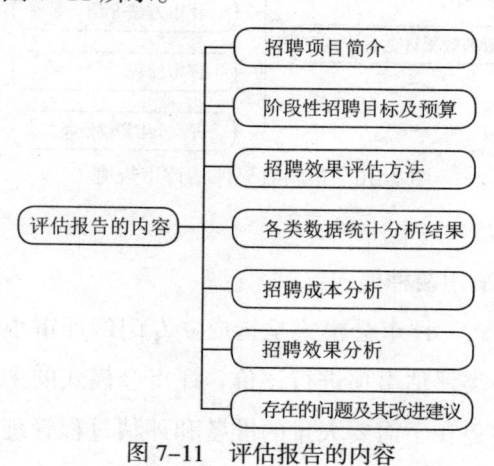

评估报告的内容：
- 招聘项目简介
- 阶段性招聘目标及预算
- 招聘效果评估方法
- 各类数据统计分析结果
- 招聘成本分析
- 招聘效果分析
- 存在的问题及其改进建议

图7-11　评估报告的内容

第七章 人才录用与招聘结果评估

案例 7-2 技术人员面试评估，如何提高评估的有效性？

某民营高新企业，最近在技术人员招聘中遇到了如下问题。

（1）面试录用后，技术人员不报到。

（2）员工入职不稳定，试用期期间离职。

（3）员工试用期期间，工作不胜任被辞退。

经过人力资源部和研发部沟通，大家评估了招聘的关键环节，包括用人标准、面试分工、面试评估、录用管理、试用期考核。其中，面试评估环节存在不足，直接导致后面的一系列问题。

请结合案例分析，如何提高技术人员面试评估的有效性？

【解析】面试人员通过一些具体的问题来沟通，判断候选人员是否符合招聘岗位的要求。面试沟通问题往往与工作职责、任职资格、素质要求相关。

本案例中，由于技术人员面试评估有效性不足产生以下问题。

（1）意愿不足。录用后不报到。

（2）岗位不匹配。试用期期间离职。

（3）岗位不胜任。不能胜任工作被辞退等问题。

提高技术人员面试评估，关键要合理设计评估问题，主要包括四方面内容。

（1）个人工作意愿。个人的求职意愿强、求职动机合理。

（2）工作经验的匹配性。例如产品规划设计、软件开发经验、项目管理经验等。

（3）工作技能与知识的胜任性。胜任应聘岗位的技能、知识结构。

（4）技术岗位的素质要求。例如学习能力、抗压能力、沟通能力、客户导向等的符合性。

对于面试者评估，其中工作能力的评估，包括工作经验、专业知识和技能主要由用人部门评估；胜任素质、求职意愿主要由人力资源部门评估。最终的录用，要结合两个部门的意见，并以技术部门的意见为主。

参考文献

[1] 李旭旦. 员工招聘与甄选 [M]. 2 版. 上海：华东理工大学出版社，2019.

[2] 孔凡柱，赵莉. 员工招聘与录用 [M]. 北京：机械工业出版社，2018.

[3] 李丽娟，张骞. 员工招聘与录用实务 [M]. 北京：中国人民大学出版社，2015.

[4] 李艳. 人力资源管理实操全书 从入门到提升到精通 [M]. 北京：人民邮电出版社，2019.

[5] 彭剑锋. 人力资源管理概论 [M]. 3 版. 上海：复旦大学出版社，2018.

[6] 刘畅. 人力资源管理实用工具大全 [M]. 北京：中国铁道出版社，2020.